电子商务人才培养系列教材·服务岗位群

农村电子商务

◎主　　编　江　兰
◎副 主 编　王朝霞　石绍刚　钟　英　段梦轩
◎参　　编　张大平　魏　洋　张香娇　朱红芳

電子工業出版社
Publishing House of Electronics Industry
北京·BEIJING

内 容 简 介

本书共七个模块，内容包括农村电子商务基础、农产品电商化前期准备、农村电子商务网店搭建、农村电子商务新媒体运营、农村电子商务营销与推广、农村电子商务客服管理、农村电子商务物流管理等方面的知识，帮助学生掌握农村电子商务相关岗位的核心技能。本书不仅介绍了农村电子商务的基本概念和发展历程，还重点探讨了农村电子商务的发展潜力与挑战，以及如何利用新媒体进行有效的营销与推广，并强调了客户服务体系的建立与物流管理的重要性。

本书可以作为中等职业学校电子商务、网络营销、互联网运营等相关专业的教学用书，也可以作为农村电子商务初学者和从业者的自学用书。

图书在版编目（CIP）数据

农村电子商务 / 江兰主编. -- 北京 : 电子工业出版社, 2024. 12. -- ISBN 978-7-121-49620-2

Ⅰ. F713.36

中国国家版本馆 CIP 数据核字第 2025MA6396 号

责任编辑：罗美娜　　文字编辑：曹　旭
印　　刷：北京天宇星印刷厂
装　　订：北京天宇星印刷厂
出版发行：电子工业出版社
　　　　　北京市海淀区万寿路 173 信箱　邮编：100036
开　　本：880×1 230　1/16　印张：12.5　字数：288 千字
版　　次：2024 年 12 月第 1 版
印　　次：2024 年 12 月第 1 次印刷
定　　价：39.00 元

凡所购买电子工业出版社图书有缺损问题，请向购买书店调换。若书店售缺，请与本社发行部联系，联系及邮购电话：（010）88254888，88258888。

质量投诉请发邮件至 zlts@phei.com.cn，盗版侵权举报请发邮件至 dbqq@phei.com.cn。

本书咨询联系方式：（010）88254617，luomn@phei.com.cn。

前　言

PREFACE

随着互联网技术的飞速发展，电子商务（简称电商）已成为推动社会经济各个领域变革的重要力量之一，农村地区亦不例外。农村电子商务作为一种新兴商业模式，不仅促进了农产品的销售，增加了农民的收入，还优化了农村经济结构。当前，我国农村电子商务正处于快速发展阶段，但也面临着人才短缺、知识更新滞后等挑战。为了满足这一领域的人才培养需求，我们精心编写了本书，旨在培养具备现代电子商务知识和技能的年轻人，能够为农村电子商务发展提供有力的支持，以推动农村经济的转型升级。

本书共七个模块，详细介绍了农产品电商化的前期准备，如市场调研、产品定位、品牌建设等，帮助农村电商从业者进入市场做好充分的准备。此外，本书还指导学生如何搭建农村电子商务网店，包括选择合适的电商平台、网店设计、商品上架等实际操作。针对新媒体运营，本书提供了农村电商在社交媒体和网络平台上的运营策略，以及如何利用新媒体进行有效的营销推广。在客服管理方面，本书讲解了如何建立高效的客户服务体系，以提升顾客满意度和忠诚度。书中还强调了农村电子商务物流管理的重要性，包括物流配送、仓储管理及如何利用现代信息技术优化物流过程等。每一模块都配有详细的考核评价目标、标准和方法，旨在让学生能够通过实践掌握农村电子商务的核心技能，激发其对电子商务的兴趣。

本书具有较强的针对性和实用性。全书采用项目任务驱动的教学模式，通过具体的项目和任务引导学生学习，增强学生的实践能力和解决问题的能力。此外，本书注重案例教学，选取了大量贴近农村实际的案例，帮助学生更好地理解和掌握知识。同时，本书还强调了创新思维和创业能力的培养，鼓励学生运用所学知识解决实际问题，激发他们的创业热情。

本书由江兰担任主编，王朝霞、石绍刚、钟英、段梦轩担任副主编，张大平、魏洋、张香娇、朱红芳参与了本书的编写。

由于编者水平有限，书中难免存在不足之处，敬请广大读者批评指正。

编　者

目　录

CONTENTS

模块一

农村电子商务基础

模块导读

在信息时代的浪潮下，电子商务（简称电商）以其独特的优势，正逐步渗透到社会的各个角落。其中，农村电子商务作为一股新兴力量，正悄然改变着传统农村的经济格局和生活方式。本模块为读者提供一个全面的农村电子商务基础概览，帮助大家理解农村电子商务的发展背景、现状、面临的挑战及未来的发展趋势。

农村电子商务的兴起，得益于互联网技术的普及和物流体系的完善。随着国家对农村信息化建设的重视和投入，农村地区的网络覆盖率不断提升，农民接触和使用互联网的机会日益增多。同时，随着物流网络的不断延伸，即使偏远的农村地区，也能够享受便捷的快递服务，这为农村电子商务的发展奠定了坚实的基础。在此基础上，农村电子商务展现出了蓬勃的发展态势。一方面，它打破了地域限制，让农村的优质产品走出大山，销往全国乃至全球；另一方面，它为农民提供了更广阔的市场和更多的销售渠道，有效提升了农产品的附加值和农民的收入。同时，农村电子商务还带动了农村相关产业的发展，如农村旅游、手工艺品制作等，为农村经济的多元化发展注入了新的活力。

随着技术的不断进步和市场的持续扩大，农村电子商务有望在实现农村产业转型升级、推动农村经济发展、提升农民生活水平等方面发挥更加重要的作用。

学习目标

知识目标

1. 掌握农村电子商务的基本概念、发展历程及其在农村经济发展中的重要性。

2. 了解农村电子商务的运营模式、交易流程及关键构成要素。

3. 认识农村电子商务发展面临的主要挑战和机遇，包括政策环境、基础设施、人才资源等方面。

4. 学习农村电子商务相关法律法规，了解消费者权益保护、网络安全与交易规范等基本知识。

技能目标

1. 培养分析农村市场需求的能力，学会制定适合农村电子商务发展的营销策略。

2. 掌握农村电子商务平台的操作技能，包括商品上架、订单处理、客户服务等。

3. 学习运用数据分析工具对农村电子商务运营数据进行分析和解读，以支持决策优化。

4. 培养解决农村电子商务实际问题的能力，如物流配送、支付结算、售后服务等。

素养目标

1. 提升对农村电子商务行业的认同感和责任感，认识到自己在推动农村经济发展中的角色。

2. 培养创新思维和创业精神，敢于尝试新的农村电子商务模式和策略。

3. 树立诚信经营的理念，注重商业道德和职业操守，在农村电子商务活动中保持良好的信用记录。

4. 增强团队协作和提高沟通能力，学会与不同背景的人合作，共同推进农村电子商务项目的发展。

5. 培养终身学习的习惯，持续关注农村电子商务行业动态和技术发展趋势，不断提升自己的专业素养。

引导案例

新农人打开新销路

在当今社会，随着数字经济的快速发展，电子商务已成为推动乡村振兴的重要力量。本案例聚焦于广东省阳江市阳东区的一位年轻创业者——梁梅花，她凭借对农业的热爱和对电商的敏锐洞察，成功地将家乡的农产品推向市场，带动了当地经济的发展。

一、辞职返乡，追寻田园梦想

梁梅花，大学毕业后曾拥有安稳的工作，但内心始终向往田园生活。2020 年，她毅然决定辞职，返回家乡阳东区，踏上了一条充满挑战与机遇的创业之路。面对村里人的不解和质疑，她选择用行动证明自己的选择。

二、创新模式，打造特色品牌

为了提升家乡农产品的知名度和市场竞争力，梁梅花采取了一系列创新举措。她首先在大八镇沙朗村流转了近 1000 亩梯田，建立生态丝苗米基地，确保产品的高品质与绿色生态。同时，她联合团队建设阳东区农村电子商务产业园和直播基地，利用电商平台拓宽销售渠道，让家乡的农产品走出大山，走向全国。

三、直面挑战，坚持不懈

创业之路并非一帆风顺。梁梅花在尝试利用梯田种植油菜、打造景观打卡点时遭遇天气影响，未能如愿。随后种植的百亩辣椒也因市场评估不足和连续暴雨而受损严重。面对挫折，她并未气馁，而是带领团队积极请教农业专家，不断调整策略，最终找到了适合的发展路径。

四、直播带货，引领电商潮流

随着对直播带货的深入了解，梁梅花逐渐形成了自己的直播风格，吸引了大量观众关注和下单。她通过直播镜头详细介绍农特产品，及时回答观众提问，增强了消费者的购买信心和提高了消费者的信任度。如今，她在各平台的粉丝总量已超过10万，为家乡的农产品销售提供了强有力的支持。

五、培养人才，助力乡村振兴

在推动自身事业发展的同时，梁梅花还积极投身于农村电子商务人才的培养工作。她以“线上培训+线下实操”的方式，开展了多场电商人才培训活动，为有意愿返乡创业的年轻人提供经验和指导。她希望通过自己的努力，吸引更多年轻人加入农村电子商务行业中来，共同推动乡村振兴事业的发展。

案例启示

勇于创新：在创业过程中，要敢于尝试新事物、新方法，不断突破传统模式的束缚。

坚持不懈：在面对困难和挫折时，要保持积极乐观的心态，坚持不懈地追求目标。

注重品质：产品品质是企业生存和发展的基石，要始终将产品品质放在首位。

人才培养：人才是推动事业发展的关键要素之一，要重视人才的培养和引进工作。

社会责任：作为企业家和社会公民，要积极履行社会责任和义务，为当地经济发展和社会进步贡献自己的力量。

知识学习

任务一　农村电子商务概述

随着互联网技术的不断发展和普及，电子商务已经渗透到社会的各个角落，成为推动经济发展、改变人们生活方式的重要力量。本任务将对农村电子商务进行概述，介绍其基本概念、发展历程、现状特点和未来趋势，旨在帮助读者全面了解和认识农村电子商务。

农商联盟是一个专注于农业和商业领域合作与交流的平台或组织，如图1-1所示。随着电子商务行业的迅猛发展，农商联盟的作用愈发凸显，它利用互联网技术，搭建线上线下互动平台，使得农产品能够更加便捷地进入城市消费市场，同时也让工业品顺利下乡，满足农村市场的多样化需求。

图 1-1　农商联盟

一、农村电子商务基本概念

农村电子商务，简称农村电商，是指利用互联网、移动通信等现代信息技术手段，进行农产品生产、流通、销售等环节的电子化、网络化和智能化，实现农村商业活动的数字化、信息化和现代化。它包括农村电商平台的建设、运营和管理，以及农产品网络营销、电子支付、物流配送等相关服务。

二、农村电子商务发展历程

（一）起步阶段：探索与尝试

在互联网刚刚兴起的时候，农村电子商务还处于萌芽状态。当时，农民主要通过传统的集市、农贸市场等进行农产品交易，信息闭塞、流通不畅是制约农村经济发展的重要因素，这一阶段的农村电子商务发展缓慢且效果有限。

（二）发展阶段：基础设施建设与政策扶持

进入 21 世纪后，随着国家对农村信息化建设的重视和投入，农村互联网基础设施得到了大幅改善。宽带网络逐渐覆盖农村地区，农民开始接触并使用互联网。这些政策的实施为农村电子商务的快速发展奠定了坚实的基础。在这一阶段，越来越多的农产品开始通过电商平台进行销售，农村电子商务逐渐展现出其巨大的市场潜力。

（三）成熟阶段：模式创新与跨界融合

随着农村电子商务的不断发展壮大，各种创新的电商模式也开始涌现。例如，“电商+直播”模式的兴起，让农民可以通过直播平台展示和销售农产品，与消费者进行实时互动，提高了农产品的销售效果。此外，“社交电商”“产地直供”“农产品众筹”等创新模式的不断涌现，为农村电子商务的发展注入了新的活力。农村电子商务直播如图 1-2 所示。

图 1-2　农村电子商务直播

三、农村电子商务现状特点

市场潜力巨大：在我国，农村人口占据了相当大的比例，这使得农村市场具有巨大的潜力。随着人们收入水平的逐步提高及消费观念的不断更新，农村电子商务市场需求呈现出持续增长的趋势。这一现象不仅为电商企业提供了广阔的发展空间，也为农村地区的经济发展带来了新的机遇。

发展不平衡：由于我国不同地区之间的经济发展水平存在显著差异，加之互联网普及程度不同，农村电子商务的发展呈现出明显的不平衡现象。一些经济较为发达的地区，互联网基础设施相对完善，农村电子商务发展迅速；而一些经济欠发达地区，由于基础设施落后，互联网普及率低，农村电子商务的发展相对滞后，亟须政策和资金的支持。

农产品上行难：农产品上行是指将农产品从生产地销售到消费地的过程，这一过程在农村电子商务中尤为重要。然而，由于农产品具有季节性强、易腐烂变质等特点，加上物流配送体系不完善、冷链设施不足等问题，导致农产品上行面临较大的困难。这些问题不仅影响了农产品的销售，也制约了农民收入的提高。

创新模式不断涌现：为了更好地适应农村市场的特点和满足消费者的需求，各种创新型的农村电子商务模式不断涌现。这些创新模式包括但不限于农村电商平台、农产品直销模式、农村社区团购等。这些模式通过整合农村资源，优化供应链，提高了农产品的销售效率，同时也为农民提供了更多的就业机会和增收渠道。

四、农村电子商务未来趋势

数字化、智能化发展趋势：随着大数据、人工智能等前沿技术的持续进步和广泛应用，未来农村电子商务领域将呈现出明显的数字化和智能化发展趋势。这些先进技术将被广泛应用于农村电子商务的各个环节，从市场分析、消费者行为预测到智能推荐系统，都将变得更加精准高效，从而推动整个农村电子商务行业的转型升级。

多元化销售渠道的形成：未来农村电子商务将不再局限于单一的销售渠道，而是会形成一个线上线下相结合的多元化销售渠道体系。线上平台如电商平台、社交媒体等将与线下实体店铺、农村集市、农产品直销点等结合，形成互补的销售网络。这种多元化的销售渠道将有助于拓宽农产品的市场范围，提高农产品的销售效率和市场竞争力。

物流配送体系的加强与完善：针对农产品上行过程中遇到的物流配送难题，未来农村电子商务将加大对物流配送体系的建设和完善力度。这包括建设更多的冷链物流设施、优化配送路线、提高配送效率及降低物流成本等方面。通过这些措施，农产品能够更快、更安全地送到消费者手中，从而解决农产品上行难的问题，提升农村电子商务的整体运营水平。

产业链整合与协同发展的推动：未来农村电子商务将积极推动产业链的整合与协同发展。通过整合上下游资源，包括农业生产、加工、包装、销售等各个环节，形成一个完整的产业链闭环。这种整合不仅能够提高产业链的整体效率和竞争力，还能够增强整个产业链的抗风险能力。通过协同发展，农村电子商务能够更好地适应市场需求变化，实现可持续发展。

案例链接

宁远："互联网+农业+旅游"电商模式引领乡村振兴

宁远，一个拥有"农业大县""全国粮食主产比照县""发展开放型经济先进县""旅游强县""国家级出口食品农产品质量安全示范县"等荣誉的城市，凭借其丰富的产业资源和文化底蕴，探索出了一条"互联网+农业+旅游"的电商发展新模式，为乡村振兴注入了新动力。

一、电商新基建，打通农产品上行通道

宁远充分利用互联网平台，联合农业电商企业惠农网，建立健全销售"网路"。目前，已有 40 余种本土农副产品在惠农网、淘宝、京东等电商平台销售，有效打通了县域农产品上行通道。同时，宁远在县、乡、村多点布局，搭建起了三级电商服务体系，包括 1 个县级电子商务公共服务中心、1 个县级物流仓储配送中心、16 个乡镇级电商服务站和 90 个村级电商服务点，为农村居民网购网销提供了极大便利。

为培养电商人才，宁远设计了"普及+进阶""线上+线下""理论+实操"的电商人才培训体系，累计培训 3755 人，提升了电子商务相关主体的电商应用能力和水平。此外，宁远县还举办了首届网红直播孵化大赛，通过以赛带训的方式，挖掘和培育了一批本土网红达人、直播达人和带货达人，有效带动了本地农产品销售和旅游文化推广。

二、品牌培育，打造市场流通"新网红"

宁远县着力做好"农"字品牌文章，打造"1+1+N"农产品品牌培育体系，重点培育区域公用品牌"印象九嶷"，并整合推进宁远血鸭、宁远脐橙、宁远素米、宁远茶油等特色农产品的产业集群发展。宁远将县域农业相关企业及乡镇特色产品资源整合集中，通过精品网货打造及线上线下联动推介的方式，打造了一批市场流通中的宁远“新网红”品牌。

线上，宁远将产品对接到惠农网、京东、淘宝、拼多多等主流电商平台，以及快乐购、达曼电商、保利生活等市场渠道；线下，宁远则开展了多场营销活动，拓宽全县农产品销售渠道，扩大农产品消费市场。

三、农旅融合，推动乡村振兴“新局面”

宁远县作为旅游强县，拥有九嶷山国家森林公园、紫霞岩等自然资源，以及舜帝陵、宁远文庙、瑶家山寨等人文资源。宁远找准农旅融合发展的主轴，并通过互联网催化农旅深度融合。

宁远充分发挥旅游业的优势，延伸产业链条，将农业发展与旅游产业的建立、推广相结合，引导农民发展休闲和观光农业，培育了一批网红打卡点，打出乡村振兴与生态旅游、休闲采摘的“组合拳”。同时，宁远县还加强招商引资，完善服务平台，鼓励村民入股和创业，创新产业发展模式，带动全县100多个村走出了一条“一村一品一特色”的发展路子。

经验启示：宁远县依托“互联网+农业+旅游”的可持续发展电商模式，逐步实现“产品成商品、线下至线上、乡村变景区”的美好发展图景，为乡村振兴注入了新活力。

知识拓展

2023年2月13日，中共中央、国务院发布了《2023年中央一号文件》。该文件明确提出鼓励农村培育乡村新产业和新业态，深入实施“数商兴农”和“互联网+”农产品出村进城工程。这一政策旨在通过数字技术和数据要素赋能农村电子商务发展，推动农业产业链的数字化改造，加速农村经济的转型升级和乡村振兴。这成为新时期适应数字经济形态、推动乡村产业数字化转型的重要工程。

学习笔记

一、任务概览

本任务为《农村电子商务》的开篇，主要对农村电子商务进行了全面的概述。内容涵盖农村电子商务的基本概念、发展历程、现状特点和未来趋势。

二、核心知识点

农村电子商务的定义：农村电子商务是利用互联网、移动通信等现代信息技术手段，为农村地区的农产品、特色手工艺品等提供销售、交易和服务的商务活动。

农村电子商务的发展历程：从最初的试点探索，到现在的全面铺开，农村电子商务经历了多个阶段的发展。

农村电子商务的当前现状：当前，农村电子商务已经取得了显著的成效，不仅带动了农产品的销售，还促进了农村经济的发展和农民的增收。

农村电子商务的发展趋势：随着技术的不断创新和市场的深入拓展，农村电子商务将迎来更加广阔的发展前景。

三、学习感悟

通过本任务的学习，我们要深刻感受到农村电子商务的巨大潜力和重要意义。它不仅为农民提供了新的销售渠道，还推动了农村经济的转型升级。

此外，认识到在农村电子商务领域的知识和技能还有待提升。我们要更加关注农村电子商务的发展动态，积极学习相关知识，努力为农村电子商务的发展贡献力量。

拓展练习

一、选择题

1．农村电子商务利用（　　）技术手段进行农产品生产、流通、销售等环节的电子化、网络化和智能化。

A．物联网　　B．移动通信和互联网

C．卫星通信　　D．人工智能

2．（　　）不是农村电子商务发展历程中的阶段。

A．起步阶段　　B．停滞阶段

C．发展阶段　　D．成熟阶段

3．农村电子商务发展不平衡的主要原因是（　　）。

A．农民收入差异　　B．地区间经济发展水平和互联网普及程度差异

C．农产品种类差异　　D．物流配送体系差异

4．未来，农村电子商务将向（　　）方向发展。

A．实体化　　B．数字化、智能化

C．单一化　　D．局部化

5．（　　）不是农村电子商务的特点。

A．市场潜力巨大　　B．发展平衡

C．农产品上行难　　D．创新模式不断涌现

二、填空题

1. 农村电子商务简称____________。
2. ____________是指将农产品从生产地销售到消费地的过程。
3. 进入 21 世纪后，随着国家对农村信息化建设的重视和投入增加，____________得到了大幅改善。
4. 未来，农村电子商务将形成____________的多元化销售渠道。
5. 为了适应农村市场的特点和需求，____________的农村电子商务模式不断涌现。

三、简答题

1. 农村电子商务包括哪些主要内容？
2. 农村电子商务起步阶段的特点是什么？
3. 农村电子商务发展不平衡的原因是什么？
4. 未来农村电子商务将如何推动物流配送体系的发展？
5. 农村电子商务的未来趋势是什么？

知识学习

任务二 农村电子商务发展现状

随着信息技术的飞速发展和互联网的广泛普及，电子商务作为一种新型商业模式，正逐渐渗透到社会经济的各个领域。农村电子商务作为电子商务的重要组成部分，近年来也呈现出蓬勃发展的态势。下面将从五个维度对农村电子商务的发展现状进行分析。

一、农村电子商务的发展背景

农村电子商务的兴起，得益于国家政策的大力扶持、农村基础设施的不断完善及农民对美好生活的向往和追求。政府相继出台了一系列支持农村电子商务发展的政策措施，包括财政补贴、税收优惠、金融扶持等，为农村电子商务的快速发展提供了有力保障。

（一）信息技术的飞速发展

随着宽带网络、移动互联网、物联网等技术的不断发展和普及，农村地区的信息传递速度得到了显著提升。农民能够更加便捷地获取市场信息、交流产品信息，这为农产品的在线交易提供了坚实的基础。互联网技术的普及使农民可以通过各种在线平台，实时了解市场需求，掌握价格动态，从而做出更加明智的生产和销售决策。此外，物联网技术的应用也使得农业生产的各个环节更加智能化和精准化，进一步提高了农产品的质量和产量。这些技术的进步不仅为农民带来了更多的销售渠道，还为消费者提供了更多优质、新鲜的农产品选择，从而促进了农村经济的发展和城乡之间的信息交流。互联网+农业如图 1-3 所示。

（二）国家政策的积极引导

国家政策的积极引导是农村电子商务得以快速发展的重要推动力。为了促进农村经济的发展和农民的增收，国家出台了一系列政策措施来扶持农村电子商务的发展。

图 1-3　互联网+农业

例如，《关于促进农村电子商务加快发展的指导意见》（国办发〔2015〕78 号）的发布具有深远的意义。首先，该意见有助于推动农村地区的经济发展，通过电商平台，农民可以更直接地接触到更广阔的市场，提高农产品的销售效率和利润空间。其次，促进了农村信息化建设，提升了农村地区的互联网普及率和电子商务应用水平，缩小了城乡数字鸿沟。再次，鼓励了农村创业和就业，为农村青年提供了新的就业机会和创业平台，有助于解决农村劳动力转移问题。最后，该意见的实施有助于优化农村产业结构，推动农业现代化进程，促进农业转型升级，为农村经济的可持续发展奠定基础。

（三）农产品市场需求的日益增长

随着我国经济的不断发展和人们生活水平的逐渐提高，消费者对优质、特色、便捷的农产品的需求日益增长。传统的农产品流通方式已无法满足消费者的多样化需求，急需一种新的流通方式来填补这一市场空白。

（四）全球经济一体化的推动

全球经济一体化的发展趋势为农村电子商务的发展提供了广阔的国际市场。随着国际贸易壁垒的逐渐消除和跨境电商的快速发展，农民可以通过电商平台将农产品销售到全球各地，实现农产品的国际化流通和销售。

二、农村电子商务的现状特点

（一）交易规模持续扩大

随着农村电子商务的快速发展，其交易规模不断扩大。越来越多的农民开始通过电商平台销售农产品，实现了线上线下融合发展的新模式。统计数据显示，近年来农村电子商务交易额呈现出快速增长的趋势，成为推动农村经济发展的新动力。2019—2023 年我国农产品网络零售额统计情况如图 1-4 所示。

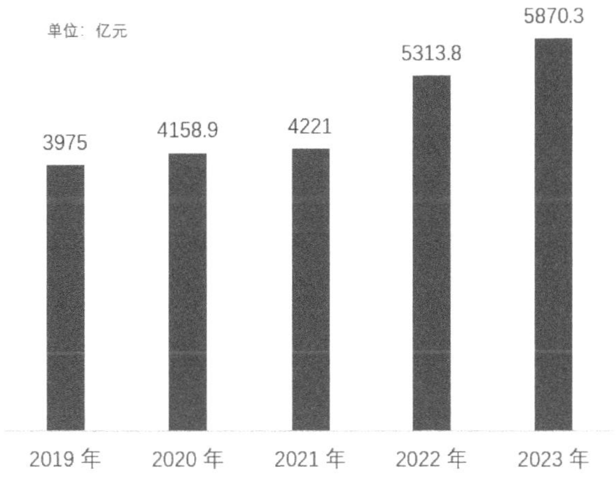

图 1-4 2019—2023 年我国农产品网络零售额统计情况（数据来源：农业农村部）

（二）创新模式不断涌现

农村电子商务在发展过程中不断探索和创新商业模式和服务方式。除传统的 B2C（企业对消费者）和 C2C（消费者对消费者）模式外，还涌现出了社交电商、直播电商等新模式。社交电商利用社交媒体平台，通过用户之间的互动和分享，推动商品的销售；而直播电商则通过实时直播，让消费者更直观地了解产品，增加了购物的趣味性和互动性。这些新模式的出现，为农村电子商务注入了新的活力，也为消费者提供了更多的购物选择。

（三）产业链整合提升竞争力

农村电子商务的发展推动了产业链的整合。通过电商平台，农民可以更加便捷地获取市场信息、采购生产资料和销售农产品。产业链的整合使各个环节更加紧密地联系在一起，提高了整个产业链的效率和竞争力。农民可以通过电商平台直接对接消费者，减少中间环节，提高农产品的销售价格；同时，消费者也可以以更低的价格购买新鲜、优质的农产品。产业链的整合不仅提升了农村电子商务的竞争力，也为农民带来了更多的收入。

（四）地域特色品牌逐渐崛起

农村电子商务的发展使地域特色品牌逐渐崛起。通过电商平台的推广和营销，一些具有地域特色的农产品开始走出大山，走向全国，甚至走向世界。地域特色品牌不仅凝聚了某一地区的文化和传统，还具有独特的品质。通过电商平台，这些具有地域特色的农产品可以被更多消费者所了解和认可，从而提升其品牌价值和市场竞争力。地域特色品牌的崛起，不仅为农民带来了更多的收入，也为消费者提供了更多高品质农产品的选择。

三、农村电子商务发展面临的挑战

尽管国家已经加大对农村地区的网络基础设施建设的投入力度，但在一些偏远和贫困地区，互联网普及率较低、网络信号不稳定、带宽不足等问题依然存在。这些问题的存在，严重制约了农村地区信息化建设进程的推进，影响了农民的生产和生活。

农产品具有季节性强、易腐、品质差异大等特点，这使得农产品的标准化和品牌化难度较高。缺乏统一的标准和品牌建设，农产品在电商平台上的竞争力就会大打折扣。这不仅影响农民的收入，也制约农业产业的发展。

农民作为农村电子商务的主体，其电子商务意识和技能水平直接影响农村电子商务的发展。然而，由于农村地区的教育水平和信息化程度相对较低，许多农民对电子商务缺乏足够的认识，难以掌握电子商务的相关技能。这使得他们在参与农村电子商务的过程中，面临诸多困难和挑战。

随着农村电子商务市场的不断扩大，竞争日益激烈。各大电商平台纷纷进军农村市场，争夺市场份额。这使得农民在电商平台上销售农产品时面临更大的竞争压力。为了在激烈的市场竞争中立足，农民需要不断提升自身的竞争力，提高产品质量和品牌知名度。

农村电子商务的发展离不开法律法规和政策环境支持。然而，目前针对农村电子商务的法律法规还不够完善，存在一些空白和模糊地带。这使得农村电子商务在发展过程中面临诸多法律风险和政策障碍，亟须相关部门加强立法和进行政策支持，为农村电子商务的发展提供良好的法治环境。

四、农村电子商务发展的问题对策

农村电子商务在推动农村经济发展、助力农民增收方面发挥了重要作用，但其发展过程中面临的挑战也不容忽视。为了有效应对这些挑战，促进农村电子商务的健康发展，需要采取一系列针对性的对策。

（一）加强基础设施建设，提升网络普及率和物流效率

针对农村地区网络普及率不足、物流体系不完善的问题，政府应加大投入，加强网络基础设施和物流体系建设。

（二）推进农产品标准化和品牌化建设，提升市场竞争力

针对农产品标准化和品牌化难度高的问题，应加快制定和完善农产品质量标准体系，推广农产品标准化生产技术，提高农产品的品质和一致性。

（三）加强农民电子商务培训和教育，提升电子商务意识和技能水平

针对农民电子商务意识和技能水平不足的问题，应加强对农民的电子商务培训和教育。政府可以组织相关机构和专家，开展电子商务知识讲座、技能培训等活动，提高农民对电子商务的认识。

（四）优化市场竞争环境，加大风险防范和监管力度

针对市场竞争激烈和风险防范力度不足的问题，应优化市场竞争环境，加大风险防范和监管力度。政府应建立健全农村电子商务市场监管体系，加强对电商平台的监管和执法力度，

打击欺诈、侵权等违法行为。

（五）完善法律法规和政策环境，为农村电子商务提供有力保障

针对法律法规和政策环境不完善的问题，应加快完善相关法律法规和政策环境。政府应制定和修订相关法律法规，明确农村电子商务交易各方的权利义务和法律责任。

五、农村电子商务的发展方向

随着信息技术的不断发展和农村市场的逐步开放，农村电子商务已经成为推动农村经济发展的重要力量。

（一）农产品上行与工业品下行双向流通

农村电子商务的核心目标在于促进农产品的上行和工业品的下行，这两者相辅相成，共同推动农村经济的发展。具体来说，农产品的上行是指通过电商平台将农村地区的优质农产品推向更广阔的市场，从而帮助农民实现产品的销售和收入的增加。而工业品的下行则是指将城市中的工业产品通过电子商务渠道输送到农村地区，满足农民的消费需求。

为了实现这一核心目标，农村电子商务的首要发展方向应该是完善农产品的上行渠道。这包括以下几个方面。

一是建立健全物流配送体系：通过建设农村物流基础设施，确保农产品能够快速、高效地从田间地头运送到消费者手中，减少中间环节，降低物流成本。

二是实现农产品的品牌化和标准化：通过品牌建设和标准化生产，提高农产品的市场竞争力，使其更符合消费者的购买需求。

三是加强电商平台建设：搭建适合农村特点的电商平台，提供便捷的在线交易服务，帮助农民更好地展示和销售他们的农产品。

四是培训农民电子商务技能：通过开展培训活动，提升农民的电子商务技能应用能力，使他们能够熟练地使用各种电子商务工具，更好地参与市场竞争。

五是引入第三方服务支持：引入金融、保险、质量检测等第三方服务，为农产品的上行提供全方位的支持，降低农民的经营风险。

通过这些措施，农村电子商务可以有效地帮助农民将优质农产品销售出去，实现增收，从而推动农村经济的全面发展。

（二）跨境电商与农村电商的融合

随着全球经济一体化的加速推进，跨境电商已经成为农村电子商务发展的新方向。通过跨境电商平台，农民们不再局限于国内市场，而是能够将他们的农产品销售到全球市场，从而拓宽销售渠道，提高农产品的国际竞争力。这种新兴的商业模式不仅为农民提供了更多的市场机会，还促进了农产品的多样化和品质提升。通过跨境电商平台，农民可以直接与国际买家进行交易，减少了中间环节，提高了效率和利润空间。同时，跨境电商也为消费者提供了更多选择，使他们能够购买到来自世界各地的优质农产品。这不仅有助于推动农村经济的

发展，还促进了国际贸易的繁荣，为全球经济一体化注入了新的活力。

（三）数字化、智能化升级

数字化和智能化已经成为农村电子商务发展的必然趋势。随着大数据、人工智能等先进技术的广泛应用，农村电子商务能够实现农产品的精准营销和智能推荐等功能。这些技术的应用不仅能够提高农产品的销售效率，还能显著提升消费者的满意度。

通过大数据分析，农产品的生产和销售可以更加精准地匹配市场需求，从而减少库存积压和浪费。同时，人工智能技术可以对消费者的购买行为进行深入分析，提供个性化的推荐服务，使消费者更容易找到他们需要的产品。这样一来，农产品的销售不仅更加高效，还能更好地满足消费者的需求。

此外，数字化和智能化技术还可以帮助农村电商平台更好地管理供应链，优化物流配送，降低成本，提高整体运营效率。通过实时监控和数据分析，平台可以及时调整策略，应对市场变化，从而在激烈的市场竞争中占据有利地位。

总之，数字化和智能化技术的应用将为农村电子商务带来革命性的变化，不仅能够提高农产品的销售效率，还能提升消费者的购物体验，最终实现农村经济的可持续发展。

（四）社交电商与农村电商的结合

社交电商作为一种新兴的电商模式，近年来迅速崛起并受到广泛关注。它主要通过社交媒体平台，如微信、微博、抖音等，实现商品的销售和推广。这种模式不仅打破了传统电商的局限，还通过社交网络的传播力量，为商家和消费者之间搭建了一座桥梁。

未来，农村电子商务有望进一步加强与社交电商的深度融合。通过充分发挥社交媒体平台庞大的用户基础和高流量优势，农村电子商务可以有效提升农产品的知名度和市场影响力。借助社交媒体平台的传播效应，农产品可以迅速触达更多的潜在消费者，从而拓宽销售渠道，提高销售业绩。

此外，社交电商还可以帮助农村电商更好地了解消费者需求，通过互动和反馈机制，及时调整产品策略和营销手段。这种双向互动不仅丰富了消费者的购买体验，还提升了农产品的品牌形象。通过社交电商的推广，农村地区的特色产品可以突破地域限制，走向全国乃至全球市场，为农村经济发展注入新的活力。直播助农如图 1-5 所示。

（五）绿色、可持续发展

随着人们环保意识的日益增强和对绿色、健康食品的追求，绿色、可持续发展成为农村电子商务的重要发展方向。未来，农村电子商务应注重农产品的绿色生产，推动绿色农产品认证和标识制度的建立，提高农产品的环保标准和品质。

农村电子商务在推动农村经济发展、助力脱贫攻坚和乡村振兴中发挥着越来越重要的作用。面对新的发展机遇和挑战，我们需要进一步加强政策支持、人才培养和物流配送体系建设，为农村电子商务的持续发展创造更加有利的条件和环境。

图 1-5　直播助农

案例链接

湖南泸溪:“人+货+乡”特色电商模式　打造乡村振兴新业态

走进泸溪县兴隆场镇甘田坪村,喜农辣椒农民专业合作社绿油油的辣椒幼苗田一片生机盎然。2019 年,合作社保底收购了椒农的 4000 多吨辣椒,通过线上线下渠道销售,累计为 14 个村(社区)的 468 户建档立卡贫困户现金分红 62.52 万元,带动 2019 人奔向小康,辣椒已成为泸溪农民脱贫致富奔向小康的“椒傲”产业。

2018 年,泸溪县成为全国电子商务进农村综合示范县。当地引进惠农网共同开展项目建设,以椪柑和旅游为媒,以农村电商为主要抓手,结合独具特色的地域文化,持续探索并深度落地“人+货+乡”特色乡村农旅电商模式,为当地经济发展注入强劲动力,一大批农民搭上电商这趟致富列车。

产业的发展离不开人才的推动。泸溪县创新电商人才培训机制不仅鼓励人才返乡创业,而且注重本土电商人才培育,做到了电商人才“想回去,留得住,教得好”,实现了村村有懂信息技术、会电商经营、能带动脱贫的本土化电商网红。

惠农网契合当地产业和农村电商发展实际,针对不同的群体设计了“普及+进阶”“线上+线下”“理论+实操”的电商人才培训体系,让学员系统地学习电商理念、营销技巧、网店建设等电商实用知识,学到拿起来就能用的实操技能。截至 2020 年 3 月底,泸溪县线上线下累计培训学员 5000 余人次,增值培训学员创业转化率达到 60%以上。

为进一步创新人才培育方式,2020 年 1 月 3 日,泸溪县推出首届农旅电商创业大赛,以赛代训,为各类涉农电商从业人员搭建创新创业的实战交流平台,带动本地农产品销售和旅游文化推广。初赛期间,67 名选手网销额共计 478.9 万元,其中建档立卡贫困户选手销售额达 158.6 万元,单个选手最高销售额为 123.7 万元;复赛期间,活动创造的“泸溪县首届农旅电商创业大赛”抖音话题,播放量高达 188.3 万,微信朋友圈举办的“创意短视频微信点赞活动”访问量达 76.5 万次。

此外，泸溪县还通过资金、营销等资源的倾斜，积极帮扶龙头企业、合作社及电商精英，发挥他们的示范带动作用。杨春竹、黄丹灵等当地电商红人通过网店销售农产品，每年帮助村里的贫困户增收上万元。

2020年，泸溪县成功脱贫摘帽。泸溪县依托“人+货+乡”特色乡村农旅电商模式，积极打造当地乡村振兴新业态，助力乡村人才振兴，赋能乡村产业振兴，促进乡土文化振兴，逐步实现产区变景区、产品变商品、乡村变名乡。随着农村电商、农旅产业的可持续发展，泸溪县域经济将焕发新一轮生机，为当地乡村振兴提供新动能、新载体。

经验启示：湖南泸溪县通过采用“人+货+乡”特色乡村农旅电商模式，成功打造了乡村振兴的新业态。在这一模式下，泸溪县不仅实现了农产品线上线下的有效销售，还通过电商人才培训机制，培育了本土电商人才，推动了人才返乡创业。通过农旅电商创业大赛等活动，进一步激发了创新创业活力，促进了农产品销售和旅游文化推广。泸溪县的实践证明，结合地域文化特色，发展农村电商和农旅产业，能够有效促进乡村振兴，带动农民增收，实现乡村经济的可持续发展。

知识拓展

我国电商发展背景

第一，诚信问题是我国电商发展面临的问题之一，我国电商供应链、运输链、信息链、服务链等配套环节还很不完善，支撑电商产业快速发展的各大平台亟待健全。政府需要重点培育一批传统大型流通企业自建的专业电商平台，推进大型流通企业电商经营向纵深发展，形成技术改进、体系升级、价值创造和资本吸引的良性循环。

资料来源：《关于规范电子商务市场秩序 完善相关法律制度的提案》，全国政协委员、苏宁电器董事长张近东。

第二，电子支付具有传统支付手段不可比拟的优点，但也存在一些问题。2018年3月，在全国“两会”上，代表建议，应加快制定《电子支付法》，从立法宗旨、适用范围、基本原则、电子支付定义、电子支付类型、监管部门、电子支付主体、电子支付审批与认证等方面做出明确规定，规范电子支付活动，促进我国电商产业健康有序。

资料来源：《关于制定〈电子支付法〉促进电子商务健康发展的提案》，全国人大代表、中国移动广东公司总经理徐龙。

第三，2024年3月13日，商务部等9部门发布《关于推动农村电商高质量发展的实施意见》，目标是用5年时间，基本建成设施完善、主体活跃、流通顺畅、服务高效的农村电商服务体系。在全国培育100个左右农村电商“领跑县”，电商对农村产业的促进作用进一步增强。培育1000家左右县域数字流通龙头企业，传统商贸流通企业数字化、网络化、智能化转型取得阶段性进展。打造1000个左右县域直播电商基地，直播电商应用水平进一步提升。培育 10 000 名左右农村电商带头人，农村电商就业创业带动能力进一步提高。

学习笔记

一、任务概览

本任务主要介绍了农村电子商务的当前发展状况，包括其基本概念、发展历程、现状特点、未来趋势。通过本任务，我们对农村电子商务的了解更为全面和深入。

二、核心知识点

农村电子商务取得的成就：近年来，农村电子商务快速发展，成为推动农村经济增长的新动力。农产品上行和工业品下行双向流通渠道不断畅通，有效促进了农民增收和消费升级。

农村电子商务面临的挑战：尽管农村电子商务取得了显著成效，但仍面临一些挑战。例如，农村电子商务人才匮乏、物流配送体系不完善、农产品标准化和品牌化程度低等。这些问题制约了农村电子商务的进一步发展。

农村电子商务的发展趋势：随着技术的不断创新和政策的持续扶持，农村电子商务将迎来更为广阔的发展前景。未来，农村电子商务将更加注重线上线下融合、供应链优化、品牌建设和服务质量提升等方面的发展。

三、学习感悟

通过本任务，我们要认识到农村电子商务在推动农村经济发展中的重要作用。它不仅为农民提供了更多的销售渠道和就业机会，还促进了农产品的品牌建设和标准化发展。

拓展练习

一、选择题

1. 农村电子商务的发展得益于（　　）因素。

   A．农民自发形成

   B．国家政策扶持、农村基础设施完善、农民对美好生活的追求

   C．电商平台的推广

   D．农民生活水平的提高

2.（　　）不是农村电子商务发展面临的挑战。

   A．基础设施建设滞后　　B．农产品标准化和品牌化难度低

   C．农民电商意识和技能不足　　D．市场竞争激烈与风险防范不足

3．（　　）不属于农村电子商务发展对策。

A．加强基础设施建设　　B．降低农产品价格

C．加强农民电商培训和教育　　D．完善法律法规和政策环境

4．农村电子商务的首要发展方向是（　　）。

A．工业品的下行　　B．农产品的上行

C．数字化、智能化升级　　D．跨境电商与农村电商的融合

5．湖南泸溪县通过（　　）模式助力乡村振兴。

A．单纯的电商销售　　B．“人+货+乡”特色乡村农旅电商模式

C．直播带货　　D．农产品加工

二、填空题

1．农村电子商务的兴起，得益于国家政策的大力__________、农村基础设施的不断__________，以及农民对美好生活的向往和追求。

2．农产品具有季节性强、易腐、品质__________等特点，这使农产品的标准化和品牌化难度较高。

3．为了促进农村电子商务的发展，政府应加大投入，加强__________和__________建设。

4．泸溪县依托__________特色乡村农旅电商模式，积极打造当地乡村振兴新业态。

5．未来农村电子商务可以加强与__________的结合，利用社交媒体平台的流量优势，扩大农产品的知名度和影响力。

三、简答题

1．农村电子商务的发展背景是什么？

2．农村电子商务发展现状中的创新模式有哪些？

3．农村电子商务发展面临的挑战有哪些？

4．湖南泸溪县是如何通过电商助力乡村振兴的？

5．农村电子商务的发展方向是什么？

知识学习

任务三　农村电子商务相关法规与政策

随着信息技术的快速发展和互联网的普及，农村电子商务作为一种新型商业模式，正逐渐成为推动农村经济发展的重要力量。为了保障农村电子商务的健康发展，国家和地方政府

相继出台了一系列相关法规和政策。农村电子商务法规发展如图 1-6 所示。

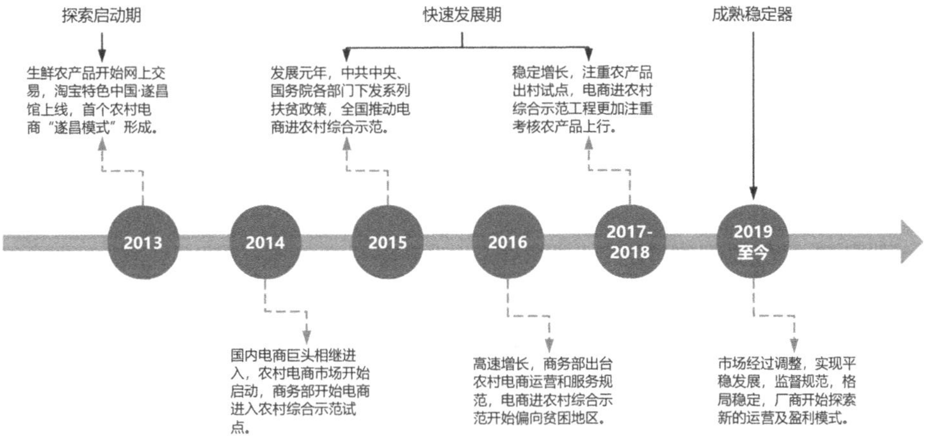

图 1-6　农村电子商务法规发展

一、国家层面法规与政策

（一）国家层面法规

1.《中华人民共和国电子商务法》

《中华人民共和国电子商务法》是我国电子商务领域的基础性法律，对农村电子商务同样具有指导意义。该法明确了电子商务经营者的定义、权利义务、法律责任等，为农村电子商务的规范发展提供了法律保障。

2.《中华人民共和国农产品质量安全法》

《中华人民共和国农产品质量安全法》旨在保障农产品质量安全，维护公众健康。该法对农产品的生产、加工、销售等环节提出了明确要求，规定了农产品质量安全标准、农产品产地管理、农产品包装和标识等内容。

3.《网络交易管理办法》

《网络交易管理办法》是国家市场监督管理总局制定的部门规章，旨在规范网络商品交易及有关服务行为。该办法对网络商品经营者和网络服务经营者的义务，网络商品交易合同的订立、履行、争议解决等进行了详细规定。

（二）国家层面政策

1.“互联网+”行动计划

为了推动互联网与各行业的深度融合，国家提出了“互联网+”行动计划。在该计划下，农村电子商务成为重点发展领域之一。国家鼓励和支持农村电商平台建设，推动农产品上行和工业品下行，促进农村经济发展。

2．电子商务进农村综合示范工程

为了推动农村电子商务的全面发展，国家实施了电子商务进农村综合示范工程。该工程旨在通过财政支持、政策引导等方式，推动农村电子商务基础设施建设、物流配送体系完善、农产品品牌建设等。

3．乡村振兴战略与农村电商发展政策

乡村振兴战略是国家层面的重要战略，旨在推动农村经济的全面振兴。在该战略下，农村电子商务成为重要的发展方向之一。国家出台了一系列政策措施，如财政补贴、税收优惠、金融支持等，以鼓励和支持农村电子商务的发展。

二、地方层面法规与政策

除了国家层面的法规与政策，各地方政府也结合当地实际情况，出台了一系列具有地方特色的农村电子商务相关法规和政策。这些法规和政策主要涉及以下几个方面。

（一）财政补贴政策

为了鼓励农民和企业积极参与农村电子商务，地方政府往往会出台财政补贴政策。例如，对在农村电商平台上销售农产品的农民给予一定的资金补贴，对在农村地区设立电子商务企业的给予税收优惠等。

（二）金融扶持政策

金融扶持政策是地方政府支持农村电子商务发展的另一重要手段。通过提供贷款担保、降低贷款利率等方式，帮助农村电子商务企业解决融资难、融资贵的问题

（三）产业扶持政策

为了推动农村电子商务产业的集聚和发展，地方政府还会出台一系列产业扶持政策。例如，建设农村电子商务产业园区，打造农村电子商务特色小镇等，为农村电子商务企业提供良好的发展环境和配套服务。

三、法规与政策对农村电子商务的影响

（一）规范市场秩序，保障公平竞争

法规与政策的出台，为农村电子商务市场的规范化、有序化提供了法律依据和制度保障。通过制定和执行相关法律法规，可以打击农村电子商务市场中的违法违规行为，维护市场秩序，保障公平竞争。

（二）优化政策环境，降低经营成本

政府通过出台一系列优惠政策，如财政补贴、税收优惠、金融扶持等，为农村电子商务的发展创造了良好的政策环境。这些政策可以降低农村电子商务经营者的成本，提高其竞争力，从而推动农村电子商务的快速发展。

（三）加强基础设施建设，提升物流水平

法规与政策在推动农村电子商务基础设施建设方面发挥着重要作用。政府通过制定相关规划、投入资金等方式，加强农村交通、通信、物流等基础设施建设，提升农产品流通效率，

为农村电子商务的发展提供有力支撑。

（四）推动农产品标准化、品牌化建设

法规与政策在推动农产品标准化、品牌化建设方面也具有重要作用。政府可以通过制定和执行相关标准、加强质量监管等方式，推动农产品的标准化生产，提高农产品质量和安全水平。

（五）促进农村电子商务人才培养与引进

政府通过制定人才培养政策、设立专项资金等方式，支持农村电子商务人才的培养和引进。这些政策可以吸引更多的人才投身农村电子商务事业，提高农村电子商务的整体素质和水平。

案例链接

吴某某与某科技有限公司网络服务合同纠纷案

基本案情：

原告吴某某根据其与被告某科技有限公司间的《VIP 会员服务协议》，享有“热剧抢先看”等权利。其后，被告更改该协议，增加“付费超前点播”条款，即 VIP 会员在原有观影权的基础上，只有额外付费才能提前观看相关影视剧剧集。法院审理认为，被告单方面变更协议内容违反公平原则，不发生单方变更合同的效力。

典型意义：

平台经营者与用户间的服务协议和交易规则，在没有无效事由的情况下，自可有效约束二者，平台经营者不得单方面更改相关条款；即便平台在协议中设定了单方变更权，但仍受到合同法中公平原则、格式条款及电子商务法中协议修改等规范的制约，平台经营者依然不得通过单方面更改协议而不公平、实质性地侵犯用户权利。

在电商平台选择相对较少、市场份额往往被少数平台所占据的现实情况下，用户的选择权实质上是相对较小的。因此，在解释和判断条款效力时需要严格遵循公平原则并避免损害用户的权益。

知识拓展

关于农村电子商务服务提升途径

（1）网上农贸市场。迅速传递农林渔牧业供求信息，帮助外商出入属地市场和属地农民开拓国内市场、走向国际市场。进行农产品市场行情和动态快递、商业机会撮合、产品信息发布等内容。

（2）特色旅游。依托当地旅游资源，通过宣传推介来扩大对外知名度和影响力。从而全方位介绍属地旅游线路和旅游特色产品及企业等信息，发展属地旅游经济。

（3）特色经济。通过宣传、介绍各个地区的特色经济、特色产业和相关的名优企业、产品等，扩大产品销售通路，加快地区特色经济、名优企业的迅猛发展。

（4）数字农家乐。为属地的农家乐（有地方风情的各种餐饮娱乐设施或单元）提供网上展示和宣传的渠道。通过运用地理信息系统技术，制作全市农家乐分布情况的电子地图。

（5）招商引资。搭建各级政府部门招商引资平台，介绍政府规划发展的开发区、生产基地、投资环境和招商信息，更好地吸引投资者到各地区进行投资生产经营活动。

2015 年 10 月 14 日，国务院常务会议提出，通过大众创业、万众创新，发挥市场机制作用，加快农村电商发展，把实体店与电商有机结合，使实体经济与互联网产生叠加效应，有利于促消费、扩内需，推动农业升级、农村发展、农民增收。为此，一要扩大电商在农业农村的应用；二要鼓励社会资本、供销社等各类主体建设涉农电商平台，拓宽农产品、民俗产品、乡村旅游等市场，鼓励农村商贸企业建设配送中心，发展第三方配送等，提高流通效率；三要营造良好网络消费环境，严打网上销售假冒伪劣商品等违法行为，大力培养农村电商人才，鼓励通过网络创业就业；四要加大农村电商政策扶持，对符合条件的给予担保贷款及贴息，鼓励金融机构创新网上支付、供应链贷款等产品，简化小额短期贷款手续，加大对电商创业的信贷支持力度，让亿万农民通过“触网”走上“双创”新舞台。

学习笔记

一、任务概览

本任务主要介绍了农村电子商务相关的法规与政策，包括国家层面的政策支持和地方政府的实施细则。这些法规与政策为农村电子商务的健康发展提供了有力的保障和指引。

二、核心知识点

国家层面的政策支持：国家为了推动农村电子商务的发展，出台了一系列支持政策。这些政策涉及财政补贴、税收优惠、金融扶持、基础设施建设等方面，旨在降低农村电子商务的运营成本，提高其市场竞争力。

地方政府的实施细则：各地方政府根据国家政策指导，结合当地实际情况，制定了具体的实施细则。这些细则包括电子商务产业园区的建设、农村电子商务培训计划的实施、物流配送体系的完善等，为农村电子商务的落地发展提供了有力支撑。

法规与政策的作用：农村电子商务相关法规与政策的制定和实施，对于规范市场秩序、保护消费者权益、促进公平竞争具有重要意义。它们为农村电子商务的健康发展创造了良好的法治环境。

三、学习感悟

通过本任务，我们要深刻认识法规与政策在农村电子商务发展中的重要性。它们不仅是农村电子商务健康发展的保障，也是引导市场行为、优化资源配置的重要手段。

拓展练习

一、选择题

1.《中华人民共和国电子商务法》是我国（　　）领域的基础性法律。

A．工业　　B．农业

C．电子商务　　D．服务业

2.（　　）不是《中华人民共和国农产品质量安全法》的主要内容。

A．农产品生产要求　　B．农产品加工要求

C．农产品销售价格　　D．农产品包装和标识

3.“互联网+”行动计划下，（　　）领域成为重点发展领域之一。

A．农村电子商务　　B．工业互联网

C．城市智能交通　　D．智慧城市

4．为了推动农村电子商务的全面发展，国家实施了（　　）工程。

A．电商进农村综合示范工程　　B．智慧城市建设工程

C．工业互联网发展工程　　D．农业科技创新工程

5.（　　）不是地方政府支持农村电子商务发展的金融扶持政策。

A．提供贷款担保　　B．降低贷款利率

C．提供土地使用权　　D．设立专项发展基金

二、填空题

1.《中华人民共和国电子商务法》为农村电子商务的__________提供了法律保障。

2.《网络交易管理办法》是__________制定的部门规章。

3．国家通过__________等方式，推动农村电子商务基础设施建设、物流配送体系完善、农产品品牌建设等。

4．为了鼓励农民和企业积极参与农村电子商务，地方政府往往会出台__________政策。

5．政府通过制定相关规划、__________等方式，加强农村交通、通信、物流等基础设施建设。

三、简答题

1. 简述《中华人民共和国电子商务法》对农村电子商务的指导意义。
2. 国家层面的哪些政策推动了农村电子商务的发展?
3. 地方政府在支持农村电子商务发展方面采取了哪些措施?
4. 法规与政策对农村电子商务市场有哪些影响?
5. 如何理解政府在农村电子商务人才培养与引进方面的作用?

知识学习

任务四　农村电子商务发展模式

随着信息技术的迅猛发展和互联网的广泛普及，电子商务已经成为推动经济社会发展的新动力。特别是在农村地区，电子商务以其独特的优势，正在改变着传统的农业生产和经营方式，为农民增收、农村发展和农业现代化提供了新的路径。本任务将深入探讨农村电子商务的发展模式，以期对农村电子商务的未来发展提供有益的参考和借鉴。

一、农村电子商务的主要发展模式

（一）B2C 模式（Business to Consumer）

B2C 模式是指企业直接面向消费者销售产品和服务。在农村电子商务中，B2C 模式主要表现为农业企业、农民专业合作社等通过自建平台或入驻第三方平台，将农产品直接销售给消费者。B2C 模式如图 1-7 所示。

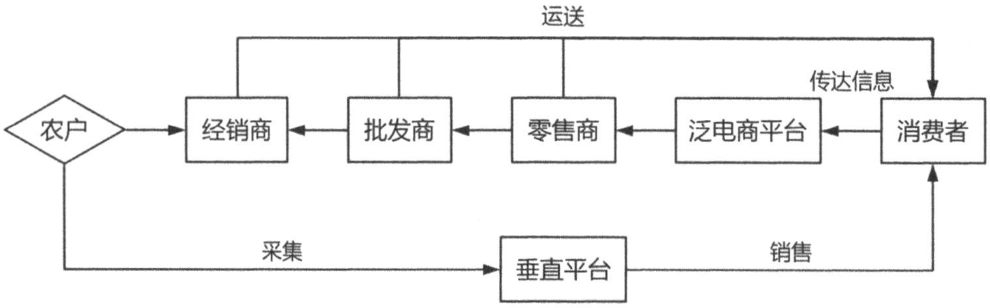

图 1-7　B2C 模式

（二）B2B 模式（Business to Business）

B2B 模式是指企业之间通过互联网进行产品、服务及信息的交换。在农村电子商务中，B2B 模式主要应用于农产品批发、农资采购等领域。通过 B2B 平台，农产品生产者和采购商可以实现快速对接，降低采购成本，提高采购效率。B2B 模式如图 1-8 所示。

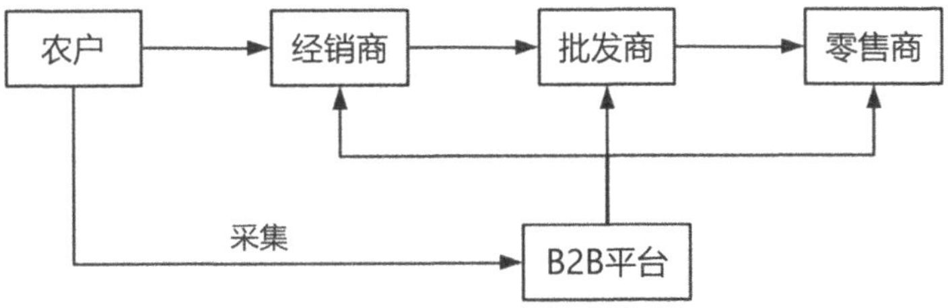

图 1-8　B2B 模式

（三）C2C 模式（Consumer to Consumer）

C2C 模式是指消费者之间通过互联网进行个人对个人之间的交易。在农村电子商务中，C2C 模式主要表现为农民通过社交媒体、电商平台等渠道，将自家生产的农产品直接销售给其他消费者。C2C 模式如图 1-9 所示。

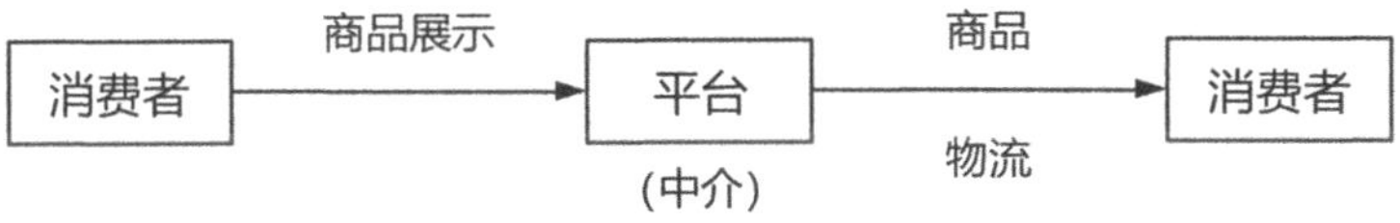

图 1-9　C2C 模式

（四）O2O 模式（Online to Offline）

O2O 模式是指将线下的商务机会与互联网结合，让互联网成为线下交易的前台。在农村电子商务中，O2O 模式主要表现为通过线上平台吸引消费者，引导其到线下实体店进行消费体验。这种模式可以将线上的流量转化为线下的实体消费，提升农产品的附加值和品牌形象。O2O 模式如图 1-10 所示。

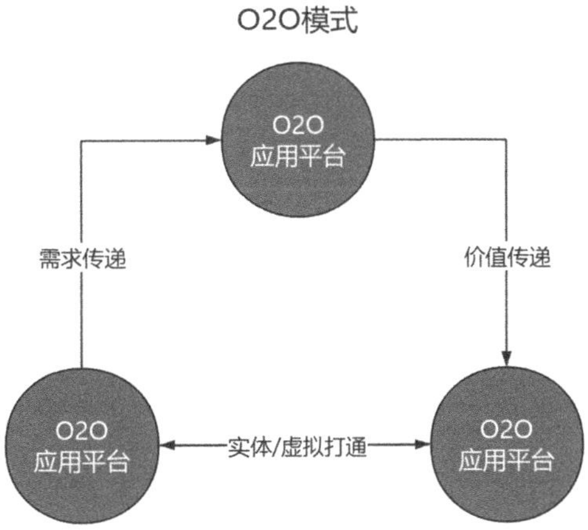

图 1-10　O2O 模式

二、农村电子商务发展模式的创新与实践

（一）直播带货模式

直播带货是近年来兴起的一种新型电子商务模式，通过直播的形式向消费者展示产品并引导其购买。在农村电子商务中，直播带货模式得到了广泛应用，如直播助农，促进了农业稳定发展和农民增收，如图 1-11 所示。

图 1-11　直播助农

（二）社交电商模式

社交电商是指将社交元素融入电子商务活动，通过社交媒体平台实现商品的销售和推广。在农村电子商务中，社交电商模式具有广阔的应用前景。农民可以利用微信、抖音等社交媒体平台建立自己的社交圈子，将农产品销售给亲朋好友和粉丝。

（三）产地直供模式

产地直供是指农产品直接从生产地供应给消费者或采购商，减少中间环节，降低流通成本。在农村电子商务中，产地直供模式得到了广泛应用。通过产地直供平台，农产品生产者和消费者可以实现直接对接，确保农产品的品质和价格优势。

三、农村电子商务发展模式的挑战与对策

（一）物流配送难

农村地区地广人稀，交通不便，给物流配送带来了极大的挑战。为了解决这一难题，可以采取以下措施：一是加强农村基础设施建设，提高道路通行能力和物流配送效率；二是推动物流配送企业向农村地区延伸服务网络，提高配送覆盖率和时效性；三是鼓励农民合作社、农业企业等自建物流配送体系，实现农产品的快速流通。农村生鲜配送流程如图 1-12 所示。

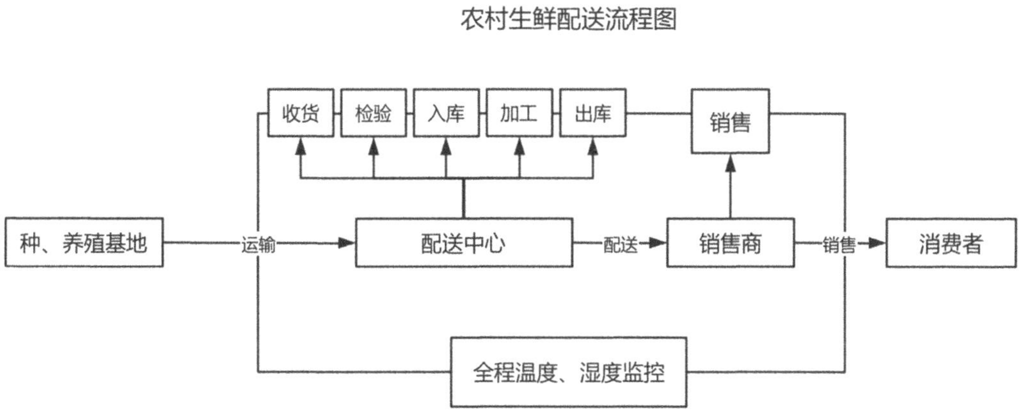

图 1-12　农村生鲜配送流程

（二）人才匮乏

农村电子商务的发展需要大量的专业人才支持，但当前农村地区普遍面临人才匮乏的问题。为了解决这一问题，可以采取以下措施：一是加强农村电子商务人才培养和培训力度，提高农民和农业企业的电子商务应用能力；二是引导高校、科研机构等加强与农村地区的合作与交流，为农村电子商务发展提供智力支持；三是鼓励优秀人才到农村地区创业就业，推动农村电子商务的快速发展。

（三）标准化和品牌建设滞后

农产品具有多样性和季节性等特点，给标准化和品牌建设带来了难度。为了解决这一问题，可以采取以下措施：一是推动农产品标准化生产进程，制定和完善相关标准和规范；二是加大农产品品牌建设力度，提升品牌知名度和美誉度；三是通过质量追溯体系等手段保障农产品质量和安全水平。

案例链接

田东县小水果裂变大产业　助推农村产业融合大发展

田东县国家农村产业融合发展（芒果）示范园主要分布在田东县平马、祥周、林逢、思林 4 个乡镇，大部分属于田东最适宜芒果种植的河谷地带。整个园区主要以那王芒果庄园、那郎芒果标准示范园和“全国一村一品示范村”（东养村）作为核心区，核心区芒果种植面积 5 万亩。

经过多年发展，园区已形成集规模示范种植、果品加工销售和生态休闲观光、特色农业旅游等集多种功能于一体的芒果产业示范园，以芒果种植、加工、销售及旅游开发等为主的产业链条已初步成型，带动了全县 30 万亩芒果种植，逐渐发展成为百色市“百万亩”芒果产业核心地带和重要依托，田东县芒果产业逐步走上标准化、规模化和科技化的发展轨道。

田东县是“中国芒果之乡”，是全国四大芒果产区之一，2017 年入选首批中国特色农产品（芒果）优势区，2019 年 2 月入选国家首批农村产业融合发展示范园。自 2017 年以来，田东县以创建国家农村产业融合发展示范园为抓手，结合地方优越的自然条件和良好的产业基础，大力发展芒果等特色产业，促进农村第一、二、三产业融合，推进农业高质量发展，助力全县乡村振兴。

经验启示：田东县以芒果为龙头，打造产业示范园，融合种植、加工、观光，推动农村三产融合，实现产业裂变，助力乡村振兴。

知识拓展

农村电子商务通过网络平台嫁接各种服务于农村的资源，拓展农村信息服务业务、服务领域，使之成为遍布县、镇、村的“三农”信息服务站。农村电商平台的实体终端直接扎根于农村，服务于“三农”，真正使“三农”服务落地，使农民成为平台的最大受益者。

自 2014 年起，“农村电商”就被正式写入中央一号文件，成为推动农业农村经济发展新引擎、帮助贫困地区实现跨越式发展重要手段的角色。截至 2022 年底，5G 网络覆盖全国所有县城城区，实现“村村通宽带”“县县通 5G”。

2023 年 8 月 28 日，第 52 次《中国互联网络发展状况统计报告》显示，2023 年上半年，全国网上零售额达 7.16 万亿元，同比增长 13.1%。其中，农村网络零售额达 1.12 万亿元，同比增长 12.5%。作为数字经济的重要业态，网购在助力消费增长中持续发挥积极作用。

学习笔记

一、任务概览

本任务详细介绍了农村电子商务的各种发展模式，包括平台型、直营型、合作社型等，以及各种模式的特点、适用场景和优劣势。通过对这些发展模式的学习，我们可以更深入地了解农村电子商务的运作机制和实际应用。

二、核心知识点

平台型发展模式：该模式主要通过搭建电商平台，为农产品提供线上销售渠道。平台可以聚集多种农产品，提供丰富的选择给消费者

直营型发展模式：直营型模式是指企业直接在农村地区设立自己的销售网点，进行农产品的收购和销售。这种模式可以确保产品质量和服务的统一性，但投资成本较高，且扩张速度相对较慢。

合作社型发展模式：合作社型模式是指农民自发组织起来，共同开展电子商务活动。通过合作社，农民可以共享资源，从而降低成本、提高市场竞争力。但合作社的管理和运营需要一定的专业知识和经验。

其他创新模式：除了上述三种常见模式，还有一些创新的农村电子商务发展模式，如社交电商、直播电商等。这些模式结合了新媒体和互联网技术，为农产品销售带来了新的机遇和挑战。

三、学习感悟

通过本任务，我们要深刻体会农村电子商务发展模式的多样性和灵活性。不同的模式适用于不同的地区和产品，需要根据实际情况进行选择和创新。

在未来的学习和工作中，我们更加关注农村电子商务的发展动态和创新实践，积极探索适合本地区的电子商务发展模式。

拓展练习

一、选择题

1. 在农村电子商务中，B2C 模式主要表现为（　　）主体通过自建平台或入驻第三方平台将农产品直接销售给消费者。

A．农民个人　　B．农业企业和农民专业合作社

C．电商平台　　D．农产品批发商

2. 在农村电子商务中，（　　）模式主要应用于农产品批发、农资采购等领域。

A．B2C　　B．B2B

C．C2C　　D．O2O

3. 农村电子商务中的 O2O 模式主要是将（　　）与互联网结合。

A．线上交易与线下体验　　B．线上物流与线下销售

C．线上生产与线下消费　　D．线上服务与线下产品

4. 直播带货模式在（　　）活动中得到了广泛应用。

A．B2C　　B．B2B

C．C2C　　D．农村电子商务

5. 产地直供模式减少了（　　）环节。

A．生产　　B．流通　　C．销售　　D．消费

二、填空题

1. 在农村电子商务中，C2C 模式主要表现为农民通过__________、电商平台等渠道，将自家生产的农产品直接销售给其他消费者。

2. 社交电商是指将社交元素融入__________活动中，通过社交媒体平台实现商品的销售

和推广。

3．为了解决农村物流配送难题，需要加强农村__________建设，提高道路通行能力和物流配送效率。

4．农村电子商务的发展需要大量的__________支持。

5．为了推动农产品标准化生产进程，需要制定和完善相关__________和规范。

三、简答题

1．简述 B2C 模式在农村电子商务中的应用。

2．什么是 O2O 模式？举例说明其在农村电子商务中的应用。

3．农村电子商务中直播带货模式的特点是什么？

4．如何解决农村电子商务发展中的人才匮乏问题？

5．农产品标准化和品牌建设的意义是什么？

模块考核评价

一、考核评价目标

本模块考核评价旨在评估学生在以下农村电子商务基础方面的能力。

农村电子商务概念与特点的理解能力：学生能否准确解释农村电子商务的概念、发展历程和主要特点。

农村电子商务模式与平台的认知能力：学生能否识别和比较不同的农村电子商务模式，了解典型平台的功能和优势。

农村电子商务应用与创新思维能力：学生能否结合农村实际，提出创新的电子商务应用方案或解决农村电商发展中的问题。

农村电子商务政策与法规的了解程度：学生能否了解国家关于农村电子商务的相关政策和法规，为合规经营提供指导。

二、考核评价标准

准确性与完整性：评估学生对农村电子商务概念和特点的解释是否准确、全面。

认知深度与广度：评估学生对农村电子商务模式和平台的认知是否具有深度和广度。

创新性与实用性：评估学生提出的农村电子商务应用方案或解决问题的策略是否具有创新性和实用性。

政策与法规了解程度：评估学生对农村电子商务相关政策法规的了解是否充分、准确。

三、考核评价方法

课堂测验与作业：通过课堂测验和作业，检验学生对农村电子商务基础知识的掌握情况。

案例分析：提供农村电子商务实际案例，要求学生运用所学知识进行分析，提出自己的看法和建议。

小组讨论与汇报：组织学生进行小组讨论，探讨农村电子商务的发展趋势、挑战和机遇，并选派代表进行汇报。

政策与法规测试：设置关于农村电子商务政策与法规的测试题，检验学生的了解程度。

四、考核评价结果反馈

个人反馈：针对每个学生的课堂测验、作业、案例分析和小组讨论的表现，提供具体的反馈意见和改进建议。

整体反馈：对整个班级的考核评价结果进行汇总和分析，总结学生在农村电子商务基础方面的普遍问题和优秀经验，为今后的教学提供改进依据。

优秀案例展示：将优秀的学生案例分析、小组讨论成果进行展示和分享，激励其他学生学习和借鉴。

通过这样的考核评价模块设计，可以全面、客观地评估学生在农村电子商务基础方面的掌握情况和应用能力。

至于客户关系维护成果的衡量方式，在农村电子商务中同样重要。

客户关系维护成果的衡量方式主要包括以下几个方面。

客户回购率：客户回购率是指客户在一段时间内再次购买的比例。在农村电子商务中，通过统计客户的购买记录，可以计算出客户回购率。较高的客户回购率表明客户关系维护较好，客户对产品和服务有较高的满意度。

客户留存率：客户留存率是指在一段时间内保持活跃的客户比例。在农村电子商务中，可以通过定期与客户互动、发送促销信息等方式提高客户留存率。客户留存率越高，说明客户关系维护越成功。

客户满意度调查：定期进行客户满意度调查是了解客户对农村电子商务服务满意度的直接方式。通过问卷调查、电话访问等手段收集客户反馈，分析客户对产品质量、价格、物流、售后服务等方面的满意度。高满意度意味着客户关系维护取得了良好成果。

口碑传播情况：客户之间的口碑传播是衡量客户关系维护成果的重要指标之一。在农村电子商务中，可以通过社交媒体、客户评价等途径了解口碑传播情况。积极的口碑传播有助于吸引新客户，扩大市场份额。

交叉销售与增值服务情况：交叉销售是指向客户推荐并销售与其已购买产品相关的其他产品；增值服务是指为客户提供超出基本购买需求的附加服务。在农村电子商务中，通过关注交叉销售与增值服务情况，可以评估客户关系维护在提升客户价值和忠诚度方面的成果。

模块二

农产品电商化前期准备

模块导读

随着信息技术的飞速发展和互联网应用的广泛普及，电子商务已成为推动农村经济发展的新引擎。农产品电商化作为电子商务的重要组成部分，不仅能够有效拓展农产品的销售渠道，提高农民收入，还能促进农村产业的转型升级，为乡村振兴战略的实施注入新的活力。

农产品电商化前期准备工作的重要性不言而喻。这一阶段的工作涉及市场调研、产品定位、平台选择、物流体系建设等多个方面，每一项都关系到农产品电商化的成败。通过深入的市场调研，我们可以了解消费者的需求偏好、市场竞争态势及潜在的市场机会，为产品的精准定位提供数据支持。而产品定位的准确与否，直接决定了农产品在电商平台上的竞争力和销售潜力。

在平台选择方面，我们需要综合考虑平台的知名度、用户规模、运营成本及服务支持等因素。选择一个适合自身农产品特点的电商平台，能够有效提升产品的曝光率和销售量。除了上述几个方面，农产品电商化前期准备还需要关注农产品的标准化和品牌建设。农产品的标准化既是提高产品质量和附加值的关键，也是实现电商化的基础。通过制定统一的产品标准和生产规范，我们可以确保农产品的品质稳定性和一致性，提升消费者的购买信心。而品牌建设是提升农产品附加值和市场竞争力的重要手段。

农产品电商化前期准备工作的完成，将为后续的电商运营奠定坚实的基础。在这一阶段，我们需要充分发挥团队协作和创新能力，不断探索适合自身农产品特点的电商化路径。

学习目标

知识目标

1. 掌握农产品电商化的基本概念、发展趋势及其对农村经济的意义。

2. 了解农产品电商化前期准备的基本流程，包括市场调研、产品定位、平台选择等关键步骤。

3. 认识农产品标准化和品牌建设的重要性，学习相关的理论知识和实践案例。

4. 学习农产品物流体系的基本知识，了解农产品在物流过程中的特殊要求和保障措施。

技能目标

1. 培养进行农产品市场调研和分析的能力，能够准确把握市场需求和竞争态势。

2. 学会制定农产品电商化的产品策略和营销方案，能够根据市场情况进行灵活调整。

3. 掌握农产品电商平台的选择和运营技巧，能够有效提升产品的曝光度和销售量。

4. 培养农产品标准化和品牌建设的实际操作能力，能够制定并实施相关的标准和策略。

素养目标

1. 提高对农产品电商化前期准备工作的重视，认识到充分准备是成功的基础。

2. 培养创新思维和解决问题的能力，能够在农产品电商化过程中遇到挑战时迅速找到解决方案。

3. 树立诚信经营和品质至上的理念，注重农产品的质量安全和消费者权益保护。

4. 增强团队协作和沟通能力，学会与团队成员有效合作，共同推进农产品电商化项目的发展。

5. 培养持续学习和自我提升习惯，不断关注农产品电商化领域的最新动态和技术创新。

以上目标的设定，旨在帮助读者在农产品电商化前期准备中全面掌握相关知识和技能，提升个人素养，为后续的农产品电商化工作奠定坚实的基础。

引导案例

善于借助地域优势

桐庐，作为杭州市下辖的一个县，地理位置优越，距离杭州市区仅有 80 千米的距离。这个位于浙西地区的县级行政区，不仅经济实力雄厚，而且在我国享有盛誉，被誉为“物流之乡”和“制笔之乡”。桐庐之所以能够取得如此显著的经济成就，与其独特的区位优势密不可分。这种优势为桐庐在电商领域的发展提供了强有力的支撑。

2014 年 10 月，阿里巴巴集团选择桐庐作为其首个农村电商试点项目所在地，这一举措无疑为桐庐的电商行业注入了强大的动力。阿里巴巴的入驻不仅带来了先进的电商技术和管理经验，还为桐庐营造了一个良好的电商发展环境。随着试点项目的推进，桐庐的电商行业得到了迅速的发展，吸引了大量的企业和人才投身于此，进一步推动了当地经济的繁荣。

启示：桐庐县有良好的产业基础、电商发展态势，特别是物流方面，有村级单位物流畅通的先天优势。良好的社会环境和政府部门的政策支持，为电商的发展提供了良好环境基础。

知识学习

任务一 认识主流网购平台

随着互联网技术的飞速发展，网购（网络购物）已经成为现代人生活中不可或缺的一部分。主流网购平台作为连接消费者与商品的桥梁，在推动电子商务发展、促进商品流通等方面发挥着重要作用。在农村电子商务领域，主流网购平台更是发挥着举足轻重的作用。本任务将深入探讨主流网购平台的特点、优势及其对农村电子商务的影响，以期为读者提供更全面的认识和更深入的理解。

一、主流网购平台概述

（一）主流网购平台的定义

主流网购平台是指那些在市场上具有较高知名度、较大用户规模、完善交易体系和良好信誉保障的电商平台。这些平台通常提供丰富的商品种类、便捷的购物流程、安全的支付方式和优质的售后服务，为消费者创造了一个便捷、高效、安全的网购环境。

（二）主流网购平台的类型

根据经营模式和商品种类的不同，主流网购平台可以分为综合型电商平台、垂直型电商平台和社交型电商平台等。综合型电商平台提供全品类的商品销售，如淘宝、京东等，满足消费者多样化的购物需求；垂直型电商平台专注某一特定领域或品类的商品销售，如唯品会、当当网等，提供更加专业化和精细化的服务；社交型电商平台将社交元素融入电子商务活动中，如微信商城、小红书等，通过社交互动促进商品销售。主流网购平台如图 2-1 所示。

图 2-1 主流网购平台

二、主流网购平台的特点与优势

（一）商品种类丰富

主流网购平台通常拥有庞大的商品库，涵盖服装、家电、数码、美妆、食品等多个品类。消费者可以在这些平台上轻松找到所需商品，并进行比价、筛选等操作，享受一站式的购物体验。

（二）购物流程便捷

主流网购平台提供简洁明了的购物流程，消费者只需通过几个简单的步骤就可以完成下单、支付和收货等操作。

（三）物流配送高效

主流网购平台通常与多家物流公司合作，建立完善的物流配送体系。消费者下单后，平台会快速安排发货，并实时更新物流信息，让消费者随时掌握订单状态。此外，一些平台还提供送货上门、安装调试等增值服务，进一步提升了消费者的购物体验。

（四）售后服务优质

主流网购平台注重售后服务，提供退换货、维修等售后支持。消费者在购买商品后遇到任何问题，都可以通过平台客服渠道进行咨询和投诉，获得及时有效的解决方案。

三、主流网购平台对农村电子商务的影响

（一）拓展销售渠道

主流网购平台为农村地区的农产品和特色手工艺品等提供了更广阔的销售渠道。农民和手工艺人可以通过这些平台将产品销往全国各地，甚至海外市场，实现增收致富。

（二）降低交易成本

通过主流网购平台进行交易，可以省去中间环节和复杂的物流安排，降低交易成本。

（三）提升品牌知名度

主流网购平台具有庞大的用户基础和强大的品牌影响力。农村地区的农产品和特色手工艺品等在这些平台上展示和销售，可以提升品牌知名度和市场竞争力。

（四）促进产业升级

主流网购平台的发展推动了农村电子商务的产业升级。为了适应市场需求和平台规则，农民和手工艺人需要不断提高产品质量和服务水平，推动产业向标准化、品牌化方向发展。农淘特色馆如图 2-2 所示。

四、主流网购平台面临的挑战

（一）物流配送体系不完善

农村地区的物流配送体系相对城市而言较为薄弱，这是主流网购平台面临的首要挑战。由于农村地区地广人稀、交通不便，导致物流配送成本高昂、效率低下。许多偏远地区的农

村甚至无法享受到快递服务，这严重制约了农村电子商务的发展。

图 2-2　农淘特色馆

（二）农产品标准化和品牌化水平低

农产品作为农村电子商务的主要交易对象，其标准化和品牌化水平直接影响网络销售的效果。然而，目前许多农产品的标准化程度较低，缺乏统一的质量标准和认证体系，导致消费者在购买时难以判断产品质量。

（三）农民网购意识和能力有待提高

农民作为农村电子商务的主要参与者和受益者，其网购意识和能力直接影响农村电子商务的发展。然而，目前许多农民对网购持观望态度，缺乏信任感和安全感。

（四）竞争日益激烈

随着农村电子商务市场的不断扩大和发展潜力的逐步释放，越来越多的企业和平台开始涌入这一领域。主流网购平台不仅面临着来自其他大型电商平台的竞争压力，还需要应对众多地方性、专业性电商平台的挑战。

（五）法规与政策环境的不确定性

农村电子商务的发展在很大程度上受到法规与政策环境的影响。然而，目前关于农村电子商务的法规与政策尚不完善且存在一定的不确定性。这可能导致主流网购平台在经营过程中面临合规性风险和市场变化带来的不确定性挑战。

五、主流网购平台问题的对策

（一）构建高效的农村物流配送体系

针对农村地区物流配送体系不完善的问题，主流网购平台应加大投入，与物流公司合作，共同构建高效的农村物流配送体系。这包括增加农村地区的快递服务网点、优化配送路线、提高配送效率、降低物流成本等。

（二）推动农产品标准化和品牌化建设

为了提高农产品的网络销售竞争力，主流网购平台应积极推动农产品的标准化和品牌化建设。平台可以与农业生产者合作，共同制定农产品质量标准，建立认证体系，确保上线销售的农产品符合质量要求。

（三）提升农民的网购意识和能力

农民作为农村电子商务的主要参与者，其网购意识和能力直接影响农村电子商务的发展。因此，主流网购平台应加强对农民的宣传和教育工作，增强他们的网购意识和能力。

（四）创新业务模式和服务方式

面对激烈的市场竞争，主流网购平台需要不断创新业务模式和服务方式，以吸引和留住消费者。平台可以根据农产品的特点和需求，推出定制化的产品和服务，如特色农产品及农业物资和工具等。

（五）密切关注法规与政策动态并加强合规经营

法规与政策的不确定性是主流网购平台面临的重要挑战之一。为了应对这一挑战并降低潜在风险，平台需要密切关注相关法规与政策的动态变化，并及时调整经营策略以确保合规经营。平台可以建立专门的法务团队或与咨询机构合作进行法律风险评估和合规指导。

案例链接

湖南汝城："人+货+村"特色农文旅电商发展模式 让乡村更美好

汝城之美，美在层层山峦，亦美在青山之间的烟火气。这个隶属于郴州市的县城，气候宜人，无霜期长，为辣椒、柰李、小黄姜等农作物的生长提供了优质的自然条件。

近年来，电子商务的热潮走进农村，让汝城县这片红色热土焕发出新的生机。2020 年，汝城县政府与惠农网强强联手，全力推进汝城县电子商务进农村综合示范"升级版"项目，创新性提出"人+货+村"特色农文旅电商发展模式，即培育本土电商红人，打造特色网红农产品，发展乡村文化红色旅游。这个基于"红人+红货+红旅"的"三红"电商规划，为汝城县乡村振兴事业指明了新的发展方向。

一、孵化"红人"，让"打工人"回家

汝城县与广东相邻，青壮劳动力大多去了广东打工，只留下老人孩子，很多村子也成了"空心村"。劳动力外流和人才的匮乏制约了乡村可持续发展和县域经济增长。为了进一步强化县域人才支撑体系，汝城以电子商务进农村综合示范"升级版"项目为抓手，启动"汝城县农产品网销红人培育计划"，孵化电商人才，营造良好的电商氛围，鼓励和吸引"打工人"回家。

此次培训取得了巨大成功，先后涌现出了一大批优秀的学员"网红"。"70 后"陈宾兰回乡后成了县里的"名人"，原本只会埋头做事的她，创立了自己的微信公众号"传奇汝城"，开通了抖音号"汝城陈二姐"，用线上平台导流，帮助乡亲们销售农特产品，推广家乡风土和美食。2020年，在湖南省第二届巾帼创业创新大赛中，她凭借敢于突破自我的经历拿下全县三等奖；2021年，在“红色沙洲奈李文化节直播大赛”中，陈宾兰的日销售额达7528元。她的成功激励了更多的农村女性自主创业、改变命运。对于自己的转变，陈宾兰说：“这多亏了县里组织的一次次电商培训，让我走上了电商发展的道路。”

惠农网结合汝城县实际，量身定制农村“红人”培训内容，以线下农技培训和线上电商培训相结合的方式，将实用性广、实操性强的课程送到乡亲们的“心坎里”；依托县级电子商务公共服务中心，为全县创业青年、电商从业者提供店铺注册、产品上架、营销推广、品牌打造等全方位“保姆式”扶持，帮助返乡人员在电商行业扎根。

二、紧扣“红旅”，让农村“火”起来

汝城县是革命老区和首批井冈山区县，拥有国家级非物质文化遗产“汝城香火龙”、被誉为“南岭植物王国”的九龙江国家森林公园，以及“华南养生第一泉”天然温泉福泉山庄，自然和人文旅游资源十分丰富，既为当地发展红色旅游和乡村旅游提供了得天独厚的条件，也为农村电子商务的发展导入了可观的“流量”。

围绕得天独厚的人文资源，汝城县采用“红人+红货+红旅”电商规划中的“红人”带动“红旅”举措，在文明瑶族乡沙洲村、东山村等各个旅游地点开展直播打卡、直播带货等一系列活动，提高电商发展氛围，助力乡村振兴。2021年7月，“红色沙洲奈李文化节直播大赛”携手汝城县“红人”进行直播带货，其中朱晓健、陈宾兰、范春娇等“红人”在直播大赛当日销售黄金奈李单品均达7000元以上。

汝城自开展全国电子商务进农村综合示范“升级版”项目以来，进一步夯实了农村电商公共服务体系。电商服务站不仅开到了村里，也开到了景区，有效规范了全县的旅游产品和农特产品，并将其推送上架至各类网络平台。来自“半条被子”红色经典故事发生地——文明瑶族乡的村民就深有体会。近年来，随着红色旅游的兴起，越来越多的人关注到了文明瑶族乡沙洲村。借助汝城县农村电商“红人”带动“红旅”的举措，村里将大众对“半条被子”故事的关注融入电商营销，通过直播带货、网店和微商等渠道，2021年销售黄金奈李1630吨，销售额达289万元，充分展现了“红色流量”的巨大能量。

三、打造“红货”，让农产品走出去

地处罗霄山脉腹地的汝城县农产品资源丰富，很多优质的农特产品因信息和交通不畅而“远在深山无人识”。近年来，农村电商的兴起，让汝城县找到了“弯道超车”的契机。

为了将“产品”转化成“网红商品”，汝城县依托县级电子商务公共服务中心建设打造“网货开发中心”，逐步建立网销产品和包装标准，培育农特产品品牌，拓展网销渠道。柰李协会会长曹仪书的“零级”、朱志勇的“沙洲源味”等诸多本地品牌顺势而起。

经验启示：汝城县采用“人+货+村”模式，即孵化电商红人、打造特色农产品、发展红色旅游，利用电子商务，推动乡村振兴，成功孵化了本土电商红人，助力农产品销售和乡村旅游，实现了经济增长和人才回流。

知识拓展

农村市场情况

一、农村电商消费人群特点

1．网购人群偏年轻

在农村市场中，网购人群显著偏年轻。主力消费群体集中在20至29岁，占比为32%，整体上，30岁以上网民比例低于城镇。随着新一代农村居民的消费增长，预计未来5~10年，农村市场的主力消费人群将更具活力

2．手机上网占主导

农村地区手机上网比例高达84.6%，比城镇高出5个百分点。在移动互联网时代，由于手机使用的便捷性和低成本，农村网购市场呈现出高增长性，而PC互联网时代的高增长则主要发生在城镇。

3．网购目的多样，不只为省钱

农村居民网购的主要目的是获取日常生活中难以买到的商品，如生产资料、日用品、家电和服装等，而非单纯追求低价。此外，他们对服务的需求主要包括资金转存及水电煤缴费等。调查显示，大部分村民通过电商平台购买的是当地买不到的商品。预计农村居民每年网购消费金额为500~2000元，且对网购商品模式的接受度达到了84.4%。

二、为什么农民会喜欢网购

1．价格优势/物流便利

网购有其先天的优势，就是价格优势，因为它减少了中间商的参与。通过直接的信息匹配，网购降低了成本，增大了可选择性。这使得农村地区的消费者能够享受到与一线城市相同的商品选择，如北京、上海、深圳和广州。尽管送货时间可能会比城市稍长，但网购提供的送货上门服务，免去了农民开车前往超市购物的需要。这种便捷性大大增强了农民对网购的依赖

2．更多的品类选择

分析农村现有的销售渠道，如小卖部、供销社、定期集市或庙会市场，以及乡镇或县城商场，可以发现它们各自存在局限性。小卖部和供销社虽然方便，但提供的商品种类有限；集市和庙会虽有更多选择，但频率低，无法满足日常需求；而乡镇或县城的商场虽然商品较多，但也面临着交通不便的问题。相比之下，网购打破了这些限制，提供了大量的商品，并且不受地理位置的影响。因此，网购不仅在价格上具有竞争力，在商品多样性方面也远超传统购物方式，从而改变了农村居民的消费习惯。

综上所述，由于网购能提供更低的价格、更多的商品选择及更高的便利性，它对传统的农村购物模式构成了挑战，逐渐成为农民们偏好的购物方式。

三、探索农村消费增长的原因

1．农村基础设施的改善

农村地区基础设施的改善是促进电商消费增长的重要前提。随着移动互联网的发展，智能手机逐渐取代 PC 成为主要的上网工具，降低了购买门槛和成本，让更多农村居民能够投资于个人终端设备。这些由消费者自行购置的手机，与基础运营商的投资共同构成了支撑电商发展的基础设施体系。

首先，互联网的普及率显著提高。从 2008 年到 2023 年，互联网普及率从 11.6%提升到 76.4%。互联网的普及、基础设施的改善有利于农村电子商务的发展。

其次，物流状况也在不断优化。随着市场的成长和发展，农村物流体系逐步完善。购物规模的扩大达到临界点后，将促使物流企业提升服务质量，进而更好地支持农村电商消费的增长。

2．农村网商带动电商消费

大量农村网商的存在对电商消费起到了积极的带动作用。作为农村地区最早接触互联网的一批人，他们不仅是商品的销售者，也是消费者，并且通过自身的网购行为为其他村民树立了榜样。以淘宝村为例，像沙集镇这样的地方，每天处理的订单量可达数万笔，这表明优秀的卖家往往也是活跃的买家，他们的存在促进了当地网络消费的繁荣。

3．平台拉动农村消费市场

各大电商平台纷纷推出面向农村市场的策略，如淘宝、当当等，整体上拉动了农村消费市场。这些平台提供的服务和优惠，极大地刺激了农村消费者的购物欲望，成为推动整个农村消费市场发展的重要动力。

学习笔记

一、任务概览

本任务主要介绍了当前主流的网购平台，包括其定义、特点与优势、挑战及对策。

二、核心知识点

主流网购平台定义：具有较高知名度、较大用户规模、完善交易体系和良好信誉保障的电商平台。例如，京东、淘宝、拼多多等。

主流网购平台的特点与优势：商品种类丰富、购物流程便捷、物流配送高效、售后服务优质。

主流网购平台对农村电子商务的影响：拓展销售渠道、降低交易成本、提升品牌知名度、促进产业升级。

主流网购平台的挑战与对策：在电子商务发展迅速的今天，主流网购平台仍面临物流配送体系不完善、农产品标准化和品牌化水平低、农民网购意识和能力有待提高、竞争日益激烈、法规与政策环境存在不确定性等挑战，我们可以通过构建高效的农村物流配送体系、推动农产品标准化和品牌化建设、提升农民的网购意识和能力、创新业务模式和服务方式、密切关注法规与政策动态并加强合规经营来应对。

三、学习感悟

通过本任务，我们可以体会到主流网购平台在农村电子商务中扮演的重要角色。这些平台不仅为农民提供了多样化的产品选择和便捷的购物体验，而且大力支持了农村电子商务的发展。

拓展练习

一、选择题

1. 主流网络购物平台通常提供（　　）服务。

A．商品销售、物流配送、售后　B．商品展示、广告宣传、市场推广

C．金融、技术支持、人才培训　D．物流配送、人才招聘、数据分析

2.（　　）属于垂直型电商平台。

A．淘宝　B．京东

C．唯品会　D．微信商城

3. 主流网络购物平台面临的挑战不包括（　　）。

A．物流配送体系不完善

B．农产品标准化和品牌化水平高

C．农民网络购物意识和能力有待提高

D．竞争日益激烈

4. 主流网络购物平台通过（　　），来推动农产品标准化和品牌化建设。

A．制定农产品质量标准，建立认证体系

B．提高物流配送效率，降低物流配送成本

C．增加农村地区的快递服务网点

D．推出定制化的产品和服务

5. 主流网络购物平台在经营过程中降低合规风险的措施是（　　）。

A．加大投入，构建高效的农村物流配送体系

B．密切关注法规与政策动态并加强合规经营

C．提升农民的网络购物意识和能力

D．创新业务模式和服务方式

二、填空题

1．主流网络购物平台是指那些在市场上具有较高知名度、较大用户规模、__________和良好信誉保障的电子商务平台。

2．社交型电商平台将__________融入电子商务活动中，通过社交互动促进商品销售。

3．主流网络购物平台面临的首要挑战是农村地区的__________相对城市而言较为薄弱。

4．主流网络购物平台应积极推动农产品的_________建设，以提高农产品的网络销售竞争力。

5．为了降低合规风险和市场变化带来的不确定性，主流网络购物平台需要密切关注__________并及时调整经营策略。

三、简答题

1．主流网络购物平台有哪些类型？

2．主流网络购物平台的特点与优势是什么？

3．主流网络购物平台对农村电子商务有哪些影响？

4．主流网络购物平台面临哪些挑战？

5．主流网络购物平台应如何应对挑战并降低潜在风险？

知识学习

任务二　主流网购平台的购物流程

随着互联网技术的普及和电子商务的迅猛发展，网购已经成为人们日常生活中不可或缺的一部分。主流网购平台作为连接消费者与商品的桥梁，在推动网购发展、促进商品流通等方面发挥着重要作用。在农村地区，主流网购平台也为农民提供了更加便捷、高效的购物服务。本任务将深入探讨各主流网购平台的购物流程，以期帮助读者更好地了解和使用这些平台，享受网购带来的便利。

一、主流网购平台概述

目前，市场上主流的网购平台众多，如淘宝、京东、拼多多、苏宁易购等。这些平台各具特色，但购物流程大致相同，一般都包括注册登录、浏览搜索、下单支付、物流配送和售后服务等环节。下面分别介绍这些环节的具体内容。淘宝、京东、拼多多、苏宁易购 LOGO 如图 2-3 所示。

图 2-3　淘宝、京东、拼多多、苏宁易购 LOGO

二、购物流程详解

（一）注册登录

在使用主流网购平台进行购物前，消费者需要先进行注册和登录操作。注册时，消费者需要填写一些基本信息，如用户名、密码、手机号等，并同意用户协议和隐私政策。

（二）浏览搜索

主流网购平台提供了丰富的商品和多样化的购物方式，消费者可以通过浏览首页推荐、分类查找、关键词搜索等方式找到自己需要的商品。在浏览商品时，消费者可以查看商品的详细信息，如价格、规格、材质、产地等，并阅读其他消费者的评价和晒单，以便更好地了解商品的质量和性能。

（三）下单支付

消费者找到自己需要的商品后，可以将其加入购物车或直接下单购买。在下单时，消费者需要填写收货地址、选择配送方式、确认订单信息等。在支付环节，主流网购平台支持多种支付方式，如在线支付、货到付款、分期付款等。

（四）物流配送

物流配送是网购的重要环节之一，直接关系到消费者的购物体验。主流网购平台通常与多家物流公司合作，建立了完善的物流配送体系。在消费者下单后，平台会根据消费者的收货地址和商品情况选择合适的物流公司进行配送。

（五）售后服务

售后服务是主流网购平台对消费者的重要保障之一。如果消费者在购买商品后遇到任何问题或不满意的情况，则可以通过平台的客服渠道进行咨询和投诉。

三、主流网购平台购物流程的优缺点分析

（一）优点

便捷性：主流网购平台的购物流程简单明了，消费者只需通过几个步骤就可以完成购物操作，节省了时间和精力。

多样性：主流网购平台提供了种类丰富的商品和多样化的购物方式，满足了消费者多样化的购物需求。

安全性：主流网购平台注重交易安全和隐私保护，采用了多种技术手段保障消费者的交易安全和个人信息不被泄露。

售后服务保障：主流网购平台提供完善的售后服务体系，确保消费者的权益得到保障。

（二）缺点

无法直接触摸商品：网购无法像实体店一样直接触摸和试穿商品，消费者只能通过图片和文字了解商品的质量和性能。

物流配送问题：虽然主流网购平台建立了完善的物流配送体系，但在实际配送过程中仍可能出现货物延误、丢失等问题。

售后服务处理效率问题：在某些情况下，消费者可能需要等待较长时间才能得到售后服务的处理结果。

四、农村电子商务中主流网购平台的应用与影响

主流网购平台在农村电子商务中发挥着重要作用。首先，这些平台为农民提供了更加便捷、高效的购物渠道，帮助他们购买到更多优质、实惠的商品。其次，主流网购平台也为农产品上行提供了广阔的市场空间，农民可以通过这些平台将农产品销往全国各地甚至海外市场。最后，主流网购平台的发展还带动了农村地区的物流配送、金融服务等相关产业的发展，为农村经济增长注入了新的活力。

案例链接

浙江松阳多措并举推进电商兴农

松阳县地处浙江省丽水市，县域面积为1406平方千米，辖3街道5镇11乡203个行政村，总人口达24万。全县“八山一水一分田”，是天生丽质的桃源胜地、底蕴深厚的江南秘境、香飘四海的中国茶乡、动静相宜的诗与远方、潜力巨大的创业热土。

近年来，松阳县坚持以国家电子商务进农村综合示范项目为引领，把发展以茶产业为主导的农村电子商务作为推进共同富裕的重要抓手，切实撬动生态产品价值高效转换，为山区加快发展找到了一把推动乡村振兴、促进共同富裕的“金钥匙”，着力探索“电商兴农·争当共同富裕模范生”的新路径。如今在松阳，数据已逐渐成为新农资、直播成为新农活、主播成为新农民，县域电商经济发展氛围浓厚、增长势头迅猛、经济社会效益显著。全县网络零售额从2016年的10亿元增长到2020年32亿元，年均增长55.8%。2021年1—10月，全县实现网络零售额39.11亿元，同比增长69.3%。

一、政策引领打造电商发展引擎

配套政策系统集成。松阳县将发展电子商务作为“一把手”工程，出台《松阳县促进电

子商务高质量发展的二十条意见（试行）》《松阳县推进茶产业转型升级扶持办法》《2020 年度促进阿里平台松阳茶叶网络销售扶持政策》等一揽子政策，累计投入资金 9600 余万元，为 500 余家小微电商企业争取创业贷款 8000 余万元。

孵化培育机制健全。积极开展县乡、政企多层联动，创新“三前三后三配套”电商产业孵化机制：前有孵化中心+后有产业园区，做到产业链配套；前有政府的指引和考核奖励+后有市场化运营，实现奖惩配套；前有专业人才培训+后有操作实训，达到人才配套。

青年返乡效益明显。吸引 5000 多人返乡从事电商创业，先后涌现出全国农村青年致富带头人麻功佐，农村电商致富带头人黄杰飞、陈凌杰，以及助农直播带头人张俊杰、叶建新等先进典型。培育电子商务企业（网店）2000 余家，带动就业 10 000 余人。有效解决了农村空巢老人、留守儿童的赡养、教育等社会问题。

二、数字赋能打造特色主导产业

以茶引领亮点纷呈。松阳县深入推进数字赋能茶产业打造乡村振兴“金名片”，立足县域发展实际，狠抓茶产业电商化工程，培育茶叶网店 1500 家，带动 7000 余人就业，形成了良好发展态势。2020 年，全县茶叶网络零售额达 10.86 亿元，同比增长 84.69%。2021 年 4 月，淘宝平台正式开设的“松阳香茶”类目，与西湖龙井、安吉白茶、六安瓜片等处于同一级类目，打破了限制松阳茶叶电子商务发展的瓶颈。2021 年 1—11 月全县在第三方电商平台的茶叶线上订单量达 2369.42 万件，网络零售额达 21.76 亿元，同比增长 127.37%。

数字赋能电商兴农。松阳县积极探索电商赋能茶产业推动共同富裕新模式。2020 年，以茶叶为拳头产品的农产品网络零售额达 13.45 亿元，同比增长 787.3%，增速位居全省第一。2021 年 1—10 月，这一数据达 33.88 亿元，同比增长 206.8%，占比达 66.3%。夏秋茶期间，间接推动黄金芽茶青、干茶销售价格增长了 10 倍。

直播助力弯道超车。松阳县组织开展“抖音宝藏乡村过大年·家乡年味在丽水”等多场活动，累计在线观看人数达 300 余万人，抖音视频播放量达 2.3 亿次，带动农产品销售 300 余万元。目前，全县累计培育直播电商 400 余家，在浙南茶叶市场每个集市日有近 200 人直播带货，日均销售茶叶 15 吨，销售额达 500 余万元。直播带货成为松阳县电商发展新动能。

三、平台集聚打造创业创新洼地

活用资本创新驱动。松阳县充分发挥政府作用，通过出台租金补贴、运营绩效奖励、宽带补助等政策，撬动社会资本 2 亿多元参与电商集聚园区建设，有效促进“两进两回”“家门口致富”，不断提高群众获得感、归属感、幸福感。

产业集聚效益显著。松阳县现已建成松阳祥瑞电子商务产业园、松阳康洁电子商务园、浙南茶叶市场电子商务集聚区、松阳茶叶电子商务孵化园 4 个集聚园区，总面积达 6 万多平方米，居全市第一，累计集聚优质电商近 450 家，形成了服装电商、直播经济、跨境电商、茶叶电商四位一体的县域电商发展格局。

活水来源着眼未来。松阳县在推动社会资本参与电商集聚区建设的过程中，积极引导电商园区运营企业增强自身造血功能，通过为入驻企业提供原材料集采服务、金融服务、个性化运营服务等，既为运营企业创造了经济效益，也有效破解了电商集聚区单纯依靠政府输血才能生存的困局，全县电商集聚区生机盎然，发展势头迅猛。

四、品牌建设打造宣传推广矩阵

加强公共品牌建设。松阳县以电子商务进农村综合示范项目为抓手，开展“松阳三香”之“松阳香茶”“松阳香榧”“松阳山茶油”重点产业品牌的升级与打造，建立区域公共品牌管理机制，实现产品统一品牌、统一包装、统一标准、统一品控、统一配送、统一营销、统一售后服务“七个统一”，成功开设区域公共品牌天猫官方旗舰店，全方位进行线上线下营销推广，如图 2-4 所示。

图 2-4　区域公共品牌天猫官方旗舰店

加强线上品牌建设。通过“办节会”系列农特产品推广活动，面向全网推介以“松阳香茶”为代表的松阳优质农特产品，持续推动品牌建设，为县域电子商务赋能。2021 年 3 月，松阳县与淘宝平台联合举办“2021 淘宝春茶节松阳专场”活动，组织 100 余家茶叶电商的 300 余款“松阳香茶”参加淘宝春茶节松阳专场活动，在淘宝平台聚划算频道、汇吃频道设置“松阳香茶”话题并投放流量，打造“松阳香茶”营销矩阵，面向全网推介“松阳香茶”，累计交易额达 430 余万元，在淘宝平台全国产茶县区排名第 5，同比增长 59.3%。

打造全域媒体宣传矩阵。在全网推介“松阳香茶”活动期间，吸引了《人民日报》周刊网、中国财经、网易、搜狐、腾讯等 120 个网络媒体和新闻客户端对松阳县域和松阳香茶进行传播推广，累计 PV 值（页面浏览量）达 27 亿余次。在微信、新浪微博、小红书、知乎 4 个 APP 发布专题报道进行宣传推广，累计曝光量达 3486.7 万次。活动期间“松阳香茶”话题在微博同城热搜榜排名第 4。

五、基础建设打造电商服务体系

着力提升县域电商公共服务水平。松阳县以建设国家电子商务进农村综合示范县为契机，建立完善县、乡、村三级电子商务公共服务体系，深入推进电商服务进村入户，打造县域电商经济一站式O2O服务模式，有力地促进了电商创业、农产品上行和工业品下行。截至目前，县级电商公共服务中心累计培训电商初、中、高级人才9000余人次，培育我国农村电商讲师、省级电子商务评审员等各类认证人才49人。举办青年创业大赛、十大杰出青年网商评选等主题活动10余场，帮助300余名创业者开设网店。

迭代升级城乡快递物流配送体系。松阳县深入推进城乡电商快递物流配送体系建设，整合邮政支局、客运公交及四通一达等12家快递公司，以客运、城乡公交、村村通的班次班线串联邮政支局、乡邮所和村邮点，以“四好农村路”农村物流服务站、农村物流加盟服务点等为载体，迭代升级全县农村快递物流基础设施，建成县域电商快递物流分拨中心1个、农村电商快递物流服务点203个，实现电商快递物流体系行政村全覆盖。探索县域快递“客货邮融合+生鲜+便民服务”模式，推动公交、邮政、快递企业、生鲜配送、电信金融多业态集成，着力打造山区县快递业“两进一出”融合示范样板，有效满足了山区群众对美好生活的向往，为全县电子商务跨越式发展奠定了坚实的基础。

经验启示：松阳县通过创新电商模式，成功推动了当地农产品的销售增长。利用直播带货，组织多场活动，吸引了大量观众，带动了300余万元的农产品销售。同时，通过政策引导，撬动社会资本参与电商集聚区建设，形成了服装电商、直播经济、跨境电商、茶叶电商等多元化的电商发展格局。此外，松阳县还加强了公共品牌建设，通过统一品牌管理和线上线下营销推广，成功提升了区域公共品牌的知名度。同时，通过打造全域媒体宣传矩阵，进一步扩大了品牌影响力。在基础建设方面，松阳县提升了电商公共服务水平，并迭代升级了城乡快递物流配送体系，为电子商务的发展夯实了基础。

知识拓展

加快电子商务发展对策

一、加快信息基础设施建设

政府应给予广泛而有力的引导和支持，加大农村信息基础设施建设力度，利用互联网、移动通信、广播电视、电话等多种通信手段，建立起覆盖郊区县、乡镇、村的农村信息网络。建立各级信息咨询服务机构，引导和培训农民使用各类信息设施，掌握电子商务的各项技能。

二、建设高质量的农村电子商务平台

建设农村电商平台，为农业产业化提供大量的多元化信息服务，为农业生产者、经营者、管理者提供及时、准确、完整的农业产业化的资源、市场、生产、政策法规、实用科技、人才、减灾防灾等信息。逐步建立农村信息服务体系，为农村电子商务提供广阔的发展空间和完整的产业链。

三、培养信息化人才

充分利用计算机网络，结合其他通信手段，大力实施远程教育，不断提高劳动者素质，强化农民信息意识，培养高素质的新型农民。另外，还应把懂业务的各种专业人才充实到农村信息化建设队伍中来，形成一支结构合理、素质良好的为农村提供信息服务的队伍。

四、规范农产品生产和营销标准

解决“好产品、卖不出、价格低”问题，需要克服信息不对称带来的挑战，，提高农民收益，并激发其生产积极性。在大城市中，由于环境因素，农产品往往更贵且质量保障不足。因此，传统农产品要进入城市市场，必须先解决规范化生产、搭建有效营销平台、优化商品流通渠道以及建立信誉溯源机制等问题。

五、推广五良生态农业服务体系

联合国粮农组织驻华系统发布的《推动中国食品安全》对我国食品安全形势进行了分析，并从食品安全立法、食品安全管理、检查执法、监测监督、信息沟通等几个方面，对我国改善食品安全提出了建议。新时期，我国农业发展迫切需要一套行之有效并获得广泛认可的农业生产管理与产品品质认证体系。五良生态农业服务体系的推广正逢其时，其中五良是指良种、良肥、良田、良品、良心。五良标准具体如下。

良种：种子及种苗健康无毒、抗病虫害、易种易管、有高产基因。

良肥：肥料（包括农药）高效、低毒、安全、环保、无残留、多功能。

良田：有害物质含量低、有机质含量高，土壤生态健康平衡。

良品：绿色有机、营养美味、健康优质、安全放心。

良心：遵循以上四点标准从事农业活动，即符合新农人职业道德规范。

根据不同的农作物产品，每个项目都有详细的标准化规定。专家指出，五良生态农业服务体系是现代生态农业产业链的新标准，它整合了种子、肥料、农田、农产品和技术等多个方面，旨在通过标准化管理和规范生产流程来确保食品安全，并通过产品溯源系统提升消费者对品牌的认知度。

学习笔记

一、任务概览

本任务详细介绍了主流网购平台的购物流程，包括注册登录、浏览搜索、下单支付、物流配送和售后服务等关键环节。

二、核心知识点

注册登录：用户在各主流网购平台购物前，需要进行注册和登录操作。注册时通常需要提供手机号、邮箱等个人信息，并设置密码。登录后，用户可以享受平台提供的个性化服务和权益。

浏览搜索：用户可以通过搜索关键词或浏览分类目录来查找所需商品。平台通常提供丰富的筛选条件和排序方式，帮助用户快速定位到心仪的商品。

下单支付：选择好商品后，用户可以将其加入购物车或直接点击购买。在下单过程中，用户需要填写收货地址、选择配送方式等，并确认订单详情及价格。各主流网购平台支持多种支付方式，用户可以根据自己的需求和偏好选择合适的支付方式。

物流配送：下单并支付成功后，平台将安排物流配送服务。用户可以在平台上查看订单状态、物流信息等，确保商品能够按时送达。

售后服务：各主流网购平台注重用户体验，提供完善的售后服务，如商品退换货、质量问题处理、投诉建议等，用户可以通过平台提供的渠道进行联系和沟通。

三、学习感悟

通过本任务，我们要深刻体会各主流网购平台在购物流程设计上的用心和细致，从用户注册到售后服务，每一个环节都力求简洁、高效和便捷，使用户拥有良好的购物体验。同时，我们要意识到在农村电子商务实践中，熟悉并掌握各平台的购物流程至关重要。

拓展练习

一、选择题

1.（　　）不是主流网购平台的购物流程环节。

A．注册登录　　B．浏览搜索

C．线下支付　　D．物流配送

2．主流网购平台与（　　）合作，建立了完善的物流配送体系。

A．政府部门　　B．物流公司

C．银行　　D．学校

3．主流网购平台的售后服务渠道是（　　）。

A．实体店　　B．线上客服

C．电话热线　　D．以上都是

4．主流网购平台在农村电子商务中发挥的作用是（　　）。

A．提供便捷购物渠道　　B．推动农产品上行

C．带动相关产业发展　　D．以上都是

5．网络购物的缺点之一是（　　）。

A．可以直接触摸商品　　　　B．购物流程复杂

C．无法直接触摸商品　　　　D．商品种类单一

二、填空题

1．主流网购平台购物流程一般包括注册登录、浏览搜索、__________、物流配送和售后服务等环节。

2．消费者在使用主流网购平台进行购物前，需要先进行__________和登录操作。

3．主流网购平台提供了丰富的商品种类和__________的购物方式。

4．主流网购平台注重交易安全和隐私保护，采用了多种技术手段保障消费者的交易安全和__________。

5．主流网购平台在农村电子商务中，为农民提供了更加便捷、高效的__________。

三、简答题

1．请简述主流网购平台的购物流程。

2．主流网购平台购物流程的便捷性体现在哪些方面？

3．主流网购平台在农村电子商务中有哪些应用？

4．主流网购平台的售后服务渠道有哪些？

5．网络购物相比实体店购物有哪些缺点？

知识学习

任务三　体验第一次网购

随着互联网的普及和电子商务的迅猛发展，网购已经成为人们日常生活中不可或缺的一部分。对于许多人来说，第一次网购的经历总是令人难忘。它不仅开启了全新的购物方式，更让人们体验到了便捷、高效、丰富的购物乐趣。

一、网购前的准备

在体验第一次网购之前，需要做好充分的准备。首先，需要选择一家信誉良好、服务优质的电商平台。具体地，通过查阅资料、咨询朋友等方式，选择一家知名的电商平台开启网购之旅。其次，注册账号并完善个人信息，以便在购物过程中能够顺利接收商品和享受售后服务。最后，绑定一张银行卡或选择其他支付方式，以确保在购物时能够顺利完成支付操作。

二、浏览与搜索商品

注册登录后，在电商平台上浏览和搜索自己需要的商品。平台上的商品种类繁多，从日用品、服饰鞋帽到数码家电、农资农具等应有尽有。通过输入关键词、浏览分类目录等方式，找到自己需要的商品。

三、下单与支付

在确定购买意向后，将选定的商品加入购物车，并开始进行下单操作。在下单过程中，仔细核对收货地址、配送方式等信息，确保填写无误。接着，选择在线支付或其他支付方式，输入银行卡等相关信息，完成支付操作。

四、等待收货与验货

完成支付后，可以期待商品的到来了。在等待收货的过程中，通过电商平台的物流查询功能实时了解订单的配送状态和预计送达时间。当商品送达时，小心地拆开包裹，对商品进行仔细的验收。若商品的质量、规格等方面都符合预期，那么网购的体验会很好。

五、售后服务与评价

在收到商品后，若发现其中一件商品存在瑕疵，则要立即联系电商平台的客服人员，说明情况并提出退换货申请。通常，客服人员会热情、耐心地解答问题，并指导退换货操作。此外，还可以对购买的商品进行评价，分享自己的使用心得和购物体验，为其他消费者提供参考。

通过网购，深刻感受农村电子商务的便捷性和高效性，仔细体会从选择商品、下单支付，到收货验货、售后服务等每个环节。

当然，网购存在潜在的风险和挑战，如虚假宣传、欺诈行为等。

此外，随着互联网的普及和物流体系的完善，农村电子商务将为农民提供更加便捷、高效的购物渠道，助力农村经济的发展和乡村振兴的实现。

六、对农村电子商务的展望与建议

农村电子商务将继续保持迅猛发展的势头。随着技术的不断进步和市场需求的不断变化，农村电子商务将呈现出更加多元化、个性化的特点。为了推动农村电子商务的健康发展，提出以下建议。

加大对电商平台的监管力度，打击虚假宣传、欺诈等不法行为，维护网络交易秩序和消费者权益。

完善物流配送体系，提高配送效率和服务质量，降低物流成本，让农民能够享受到更加便捷、高效的购物体验。

加强农村电子商务人才培养和引进工作，提高农民的电子商务意识和操作技能水平，为农村电子商务的发展提供人才保障。

鼓励创新创业精神在农村电子商务领域的应用与发展，推动行业创新升级和可持续发展。

案例链接

河南淇县打造物流共同配送新模式 构建县域商业新格局

淇县古称朝歌，曾为商卫国都、鬼谷故里。全县总面积为 567 平方千米，辖 9 个乡镇（街道）、162 个行政村、21 个社区居委会，总人口为 30.1 万人。近年来，淇县坚持立足新发展阶段、贯彻新发展理念、构建新发展格局，以国家电子商务进农村综合示范提质增效为抓手，以建设县、乡、村三级快递物流共同配送体系为目标，推动电子商务与快递物流融合发展，促进脱贫攻坚与乡村振兴有效衔接，探索出了一条具有淇县特色的农村商业体系发展之路。

一、强化支撑保障，推动县域商业由“无序”到“规范”

为推动县域商业规范有序发展，淇县强化了“三个引领”建设。一是组织引领。成立由县长任组长、18 个部门和所有乡镇（街道）一把手为成员的县域商业体系建设领导小组，下设商业网络、现代物流、快递进村、电商直播四个工作专班，形成“1+4”工作机制，分工负责、分级管理、分类推进，形成齐抓共管的强大合力。二是政策引领。以“打造电商示范样板县，构建县域商业新格局”为目标，制定出台《淇县物流电商产业发展实施意见》《淇县快递进村工作推进方案》《淇县农村商业体系建设工作方案》等一系列支持农村商贸流通方面的政策文件，为当地大力推进现代商贸物流发展提供了强有力的政策支撑。三是标准引领。由县政府牵头制定《电子商务物流园区（基地）建设与经营服务规范》省级地方标准于 2020 年 10 月通过河南省市场监督管理局批准并正式发布，为河南省电商物流业转型发展贡献了“淇县力量”。河南省地方标准《电子商务物流园区（基地）建设与经营服务规范》如图 2-5 所示。

河南省市场监督管理局公告

2020 年第 61 号

河南省市场监督管理局
关于批准发布《山水林田湖草生态保护修复规划技术规范》等 31 项河南省地方标准的公告

河南省市场监督管理局批准发布《山水林田湖草生态保护修复规划技术规范》等 31 项河南省地方标准，现予以公布。

特此公告。

2020 年 10 月 23 日

（此件主动公开）

— 1 —

— 2 —

序号	标准号	标准名称	发布日期	实施日期
1	DB41/T 1991-2020	山水林田湖草生态保护修复规划技术规范	2020-10-23	2021-01-23
2	DB41/T 1992-2020	山水林田湖草生态环境调查技术规范	2020-10-23	2021-01-23
3	DB41/T 1993-2020	山水林田湖草生态保护修复工程监理规范	2020-10-23	2021-01-23
4	DB41/T 1994-2020	电子商务物流园区（基地）建设与经营服务规范	2020-10-23	2021-01-23
5	DB41/T 1995-2020	人工影响天气飞机安全作业规范	2020-10-23	2021-01-23
6	DB41/T 1996-2020	智慧酒店建设评价规范	2020-10-23	2021-01-23
7	DB41/T 1997-2020	水资源监测系统运行维护规程	2020-10-23	2021-01-23
8	DB41/T 1998-2020	水资源监控数据传输规约	2020-10-23	2021-01-23
9	DB41/T 1999-2020	蜡梅小型盆栽培育技术规程	2020-10-23	2021-01-23
10	DB41/T 2000-2020	豫北夏玉米化肥农药减施增效技术规程	2020-10-23	2021-01-23
11	DB41/T 2001-2020	金银花扦插育苗技术规程	2020-10-23	2021-01-23
12	DB41/T 2002-2020	薄皮甜瓜春茬设施栽培技术规程	2020-10-23	2021-01-23
13	DB41/T 2003-2020	红薯秧青贮生产技术规范	2020-10-23	2021-01-23
14	DB41/T 2004-2020	夏玉米微生物肥料施用技术规程	2020-10-23	2021-01-23
15	DB41/T 2005-2020	豫丰黄兔饲养管理技术规范	2020-10-23	2021-01-23

图 2-5 河南省地方标准《电子商务物流园区（基地）建设与经营服务规范》

二、坚持优化升级，推动商业网络由“城市”到“农村”

坚持县、乡、村商业联动，加快推进农村商业连锁化、数字化、融合化发展。一是连锁化。淇县在万村千乡市场工程基础上，鼓励农村“夫妻店”搭载电商快车，改造升级为新型连锁便利店。因地制宜为全县53个便利店提供供应链管理、门店升级、品牌合作等支持，设立美团优选等社区电商自提点，实现一点多能、一网多用。二是数字化。淇县以改造乡村“农家店”为主要内容，建成县级电子商务公共服务中心、电商仓储配送中心、灵山5G电商直播基地、9个乡级电商服务站、152个村级电商服务点，不断拓展商业网点的网上代购、缴费充值、收发快件、普惠金融等服务功能，满足农村居民便利化消费需求。三是融合化。2021年5月，淇县成功引进美团优选，合作建设占地5万平方米的美团优选河南中心仓，成为美团优选在全国打造的第一个县级“定制仓”，建成了“电商+乡村游”特色村13个、电商消费帮扶专区12个、美团优选电商自提点30个，有效拓展了电商网点服务功能，促进了商旅文融合发展。

三、健全流通网络，推动快递物流由“分散”到“集中”

近年来，淇县按照“育主体、建体系、强末端”的发展思路，积极推进快递物流提速增效。一是龙头带动。全县共培育快递物流企业42家，其中国家4A级冷链物流企业为5家，快递物流配送车辆达6300余台，年收发快递数量突破9000万件，年货物吞吐量达3000万吨。二是体系支撑。依托县、乡、村三级电商服务体系，淇县整合全县邮政、“三通一达”、万村千乡等各类资源，规划建设豫北首家大型电商智慧云仓，建成数据互联的县级快递统仓共配中心，5个乡级快递配送中心站和52个村级电商快递e站，形成“电商+快递+供应链”的发展模式。三是末端覆盖。淇县深入推进“快递进村”工程，在鹤壁市率先启动“快商合作”“快快合作”模式，合作建设村级电商快递e站，配置快递专用车辆和终端设备，确保乡村快递24小时内完成配送。

四、创新共配模式，推动商业业态由“传统”到“现代”

为破解农村快递物流“最后一千米”难题，淇县积极探索快递统仓共配模式。一是产业融合。淇县结合本地农产品特色与优势，联合京东、拼多多、抖音等共同打造了“快递+鹌鹑蛋”“快递+小麻花”“快递+金甲鸡柳”三个快递特色产品，仅这三项每天的快递业务量已超过3万件，有力促进快递业与本地产业的融合发展。二是商圈配送。淇县成功引进美团优选中心仓落户淇县，依托电商站点、万村千乡农家店、惠农服务点等载体，打造了一批村级美团优选电商自提点，借助美团优选本地商圈产品配送和末端共配优势，为电商站点创造了更多的盈利渠道。三是农产品上行。淇县借助快递物流共配网络，打通了淇县农特产品“产、运、销”全链路，形成了以“朝歌印象”农产品电商公共品牌为引领，以“朝歌山小米”等70多个区域特色品牌和“链多多”等32个企业知名品牌为支撑的产业体系，农特产品网络销售金额年均超10亿元。

经验启示：淇县在新发展阶段，通过电子商务进农村示范项目，构建了县乡村三级快递物流共同配送体系，实现了电商与物流的融合发展；通过强化组织、政策和标准引领，推动了县域商业规范化；通过优化升级商业网络，实现了农村商业的连锁化、数字化和融合化；通过健全快递物流流通网络，提升了快递物流效率；通过创新共配模式，推动了商业业态现代化，促进了农产品上行，形成了特色商业体系发展之路。

知识拓展

农村电商持续做乡村数字经济的“领头羊”

《中国数字乡村发展报告（2022 年）》称，近年来乡村数字基础设施建设加快推进，截至 2022 年底，5G 网络覆盖所有县城城区，实现“村村通宽带”“县县通 5G”；乡村新业态新模式不断涌现，农村电商继续保持乡村数字经济“领头羊”地位，2022 年全国农村网络零售额达 2.17 万亿元。

该报告由中央网信办信息化发展局和农业农村部市场与信息化司组织农业农村部信息中心和中国农业大学、中国信息通信研究院、中国人民大学等有关单位专家共同编制，全面总结了 2021 年以来数字乡村发展取得的新进展和新成效，涵盖乡村数字基础设施、智慧农业、乡村新业态新模式、乡村数字化治理、乡村网络文化、乡村数字惠民服务、智慧绿色乡村、数字乡村发展环境 8 个方面的内容，并评价了各地区数字乡村发展水平，为数字乡村建设推动者、实践者和研究者提供了参考。

该报告称，从 2022 年试行开展的数字乡村发展水平评价结果看，智慧农业建设快速起步，农业生产信息化率提升至 25.4%；乡村数字化治理效能持续提升，全国六类涉农政务服务事项综合在线办事率达 68.2%；数字惠民服务扎实推进，利用信息化手段开展服务的村级综合服务站点增至 48.3 万个，行政村覆盖率达到 86%。

学习笔记

一、任务概览

本任务主要围绕“体验第一次网购”这一主题展开，详细介绍了网购的过程，包括注意事项和可能遇到的问题。

二、核心知识点

网购的过程：本任务带领我们进行了一次网购，包括选择购物平台、注册账号、浏览商品、下单购买、选择支付方式、等待收货等步骤。这些步骤共同构成了网购的完整过程，缺一不可。

注意事项：在网购过程中，需要注意一些关键事项，如选择信誉良好的购物平台和卖家、仔细查看商品详情和买家评价、核对订单信息和收货地址等。注意这些事项有助于保障消费者的权益，避免不必要的纠纷和损失。

可能遇到的问题：在网购过程中可能会遇到一些问题，如商品与描述不符、物流延迟等，这时我们可以与客服沟通，并申请售后服务。问题的解决与否对网购的体验和满意度具有重要的影响。

三、学习感悟

在本任务中，我们可以感受到网购的便捷性和高效性。通过简单的操作，我们就可以在家中轻松购买到全国各地的商品，大大节省了时间和精力。

拓展练习

一、选择题

1．在准备网购前，首先需要（　　）。

A．绑定银行卡　　B．选择一家信誉良好的电商平台

C．浏览商品　　D．开始下单

2．（　　）不属于网购前的准备工作。

A．选择电商平台　　B．绑定支付方式

C．立即购买商品　　D．完善个人信息

3．（　　）不是推动农村电子商务健康发展的建议。

A．加强电商平台的监管力度，打击虚假宣传、欺诈行为等不法行为

B．降低商品价格，让所有商品都实现最低价

C．加强农村电商人才培养和引进工作，提高农民的电商意识和操作技能水平

D．鼓励创新创业精神在农村电子商务领域的应用与发展

4．收到商品后，如果发现商品存在瑕疵，应该（　　）。

A．直接扔掉　　B．联系电商平台客服

C．自行修理　　D．在社交媒体上抱怨

5．对农村电子商务的发展，（　　）建议不正确。

A．加强电商平台监管　　B．降低物流配送效率

C．加强人才培养　　D．鼓励创新创业

二、填空题

1．在体验第一次网购之前，需要做好充分的准备工作，包括选择一家__________、注册账号并完善个人信息，以及绑定支付方式。

2. 在电商平台上，通过输入__________和浏览分类目录等方式，可以很快找到自己需要的商品。

3. 在下单过程中，仔细核对__________等信息，确保填写准确无误。

4. 收到商品后，对其中一件存在瑕疵的商品进行__________操作。

5. 为了推动农村电子商务的健康发展，需要加强__________的监管力度，打击不法行为。

三、简答题

1. 简述网购前需要做的准备工作。
2. 如何在电商平台上浏览和搜索自己需要的商品？
3. 描述下单与支付的过程。
4. 收到商品后，如果发现商品存在瑕疵，则应该如何处理？请描述你的相关经历。
5. 你对农村电子商务有哪些展望与建议？

模块考核评价

一、考核评价目标

本模块考核评价主要评估学生在以下方面的能力。

市场调研与分析能力：能否有效进行农产品市场调研，分析消费者需求、竞争对手情况及市场趋势。

农产品选择与定位能力：能否根据市场调研结果，选择合适的农产品进行电商化，并明确产品的市场定位。

农产品标准化与品牌建设能力：能否理解农产品标准化的重要性，并提出相应的标准化措施。

供应链整合与优化能力：能否理解农产品供应链的基本构成，提出整合和优化供应链的策略，确保产品质量和供应的稳定性。

二、考核评价标准

市场调研的准确性和深度：评估学生收集的市场数据的准确性及分析问题的深度。

农产品选择的合理性和定位的准确性：评估学生选择的农产品是否符合市场需求，以及产品定位是否清晰准确。

农产品标准化和品牌建设的可行性：评估学生提出的标准化措施和品牌策略的可行性和创新性。

供应链整合与优化的实效性：评估学生提出的供应链整合和优化策略是否能有效解决实际问题，提高供应链效率。

三、考核评价方法

市场调研报告：要求学生提交一份关于农产品市场的调研报告，包括消费者需求、竞争对手分析和市场趋势预测等内容。

农产品选择与定位分析：要求学生分析所选农产品的市场前景、竞争优势和定位策略，并提交书面报告。

农产品标准化与品牌建设方案：要求学生设计一份针对所选农产品的标准化和品牌建设方案，包括标准化措施、品牌形象设计、推广策略等。

供应链整合与优化策略：要求学生分析现有农产品供应链的问题，提出整合和优化的策略，并提交书面报告或进行口头汇报。

四、考核评价结果反馈

个人反馈：针对每个学生的各项任务完成情况，提供具体的反馈意见和改进建议。

整体反馈：对整个班级的考核评价结果进行汇总和分析，总结学生在农产品电商化前期准备方面的普遍问题和优秀经验，为今后的教学提供改进依据。

优秀案例展示：将优秀的学生作品进行展示和分享，包括市场调研报告、农产品选择与定位分析、农产品标准化与品牌建设方案及供应链整合与优化策略等，激励其他学生学习和借鉴。

通过这样的考核评价模块设计，可以全面评估学生在农产品电商化前期准备阶段的能力表现，帮助他们更好地理解并掌握农产品电商化的基本知识和技能。

模块三

农村电子商务网店搭建

模块导读

随着电子商务的深入发展，农村市场逐渐成为新的增长热点。农村电子商务网店的搭建，不仅是实现农产品上行、促进农民增收的重要途径，更是推动农村经济发展、助力乡村振兴的有效手段。本模块将带领大家走进农村电子商务网店搭建的世界，探索其中的奥秘与机遇。

对于农村电子商务网店搭建，首要任务是明确店铺定位和目标市场。通过对当地农产品资源、市场需求及竞争对手进行深入分析，确定店铺的特色和主打产品，形成差异化的竞争优势。

在农村电子商务网店搭建过程中，页面设计和用户体验至关重要。一个美观、易用的页面，能够吸引更多的访问者，提高用户的购物体验。因此，我们需要注重页面设计的细节，如色彩搭配、布局规划、图片展示等，打造出符合农产品特点的视觉效果。

除此之外，农村电子商务网店的搭建还需要关注物流配送和支付结算等关键环节。建立完善的物流配送体系，确保农产品能够及时、安全地送到消费者手中，是提升网店信誉和口碑的重要保障。

本模块旨在为读者提供一个全面而深入的农村电子商务网店搭建指南。我们将详细阐述店铺定位、平台选择、页面设计、物流配送、支付结算及后期运营等环节的具体方法和实施步骤。通过学习和实践，读者将掌握农村电子商务网店搭建的核心技能和知识，为农村电子商务的发展贡献自己的力量。

学习目标

知识目标

1. 掌握农村电子商务网店搭建的基本概念和流程，及其在农村电子商务体系中的作用和重要性。

2. 学习网店搭建涉及的关键要素，包括平台选择、店铺设计、产品上架、支付与物流配置等。

3. 理解电商平台的运营规则和政策要求，确保网店搭建和运营的合规性。

4. 学习网店数据分析的基础知识，了解如何通过数据分析优化网店运营。

技能目标

1. 培养自主选择电商平台或搭建网店的能力，能够根据实际需求选择合适的电商平台或自建网店。

2. 学会设计和美化网店页面，提升网店页面的视觉效果。

3. 熟练掌握产品上架、信息编辑和更新等基本操作技能。

4. 能够配置和管理网店的支付与物流系统，确保交易的顺畅进行。

5. 培养基本的数据分析能力，能够运用数据分析工具优化网店运营策略。

素养目标

1. 提升对农村电子商务网店搭建重要性的认识，增强投身农村电子商务事业的责任感。

2. 培养创新思维和解决问题的能力，在网店搭建和运营过程中，当遇到挑战时，能够迅速找到解决方案。

3. 树立诚信经营和优质服务的理念，注重维护网店的信誉和口碑。

4. 增强团队协作和沟通能力，学会与团队成员有效合作，共同推进农村电子商务网店搭建和运营工作。

5. 培养持续学习和自我提升的习惯，不断关注农村电子商务领域的最新动态和技术创新，提升个人专业素养。

引导案例

电商倒推产业转型

海宁市是全国有名的皮革城，一直追随网络发展的步伐推动电商发展。海皮城是海宁中国皮革城精心打造的专业皮革制品网上交易平台，于2013年9月12日正式上线。

2023年，海宁市拥有省级电商专业村105个，省级电商镇10个，省级示范村20个，数量均位居嘉兴市第一、浙江省前列，农产品网络零售额突破3亿元，建立完善了农村电子商务公共服务体系与县乡村三级物流配送体系，在推动花卉新零售、农村产品上行、带动就业、乡村振兴等方面取得了明显成效。

海宁电商在发展过程中曾存在以下问题：①增长粗放，质量把控不严，主体小而散；②销量受经济大形势影响，库存积压严重。

启示：以电商倒推产业转型升级，一是引进人才，转换思维（烧钱后的反思）；二是对接平台，整体出击（稳固国内，加强跨境）；三是加强监管，保护品牌；四是园区承载，强化服务（六大园区先后投建）；五是管理提升，升级企业（现代企业为主体）。

知识学习

任务一　淘宝网开店

随着互联网的普及和电子商务的迅猛发展，农村电子商务逐渐成为推动农村经济发展的新动力。淘宝网作为我国最大的网购平台之一，为农民提供了便捷的销售渠道，帮助他们将农产品和手工艺品等特色商品销往全国各地。本任务将详细介绍如何在淘宝网开店，帮助读者了解并掌握开店的全过程和关键要点。淘宝网首页如图 3-1 所示。

图 3-1　淘宝网首页

一、淘宝网开店前的准备

在开店之前，需要进行充分的市场调研和分析，了解目标客户群体的需求和偏好，以及竞争对手的情况。

（一）市场调研与定位

在开店之前，创业者首先需要进行深入的市场调研，了解目标市场的需求、竞争情况及潜在客户群体。通过市场调研，创业者可以确定自己店铺的定位，如经营什么类型的商品、针对哪些消费者等。定位明确后，创业者可以有针对性地编制经营策略和营销计划。

（二）注册淘宝网账号并完成认证

开店前，创业者需要在淘宝网注册一个账号，并完成相关的认证工作。这包括支付宝实名认证、淘宝网开店认证等。实名认证可以增加店铺的可信度，提高消费者的购买意愿。

（三）选择合适的店铺类型

淘宝网提供了多种店铺类型供创业者选择，如个人店铺、企业店铺等。创业者需要根据自己的实际情况和经营需求选择合适的店铺类型。

（四）准备商品与拍摄图片

开店前，创业者需要准备好要销售的商品，并为商品拍摄清晰、美观的图片。商品的选择应基于市场调研的结果和店铺的定位，确保商品能够满足目标消费者的需求。

（五）制定价格策略与促销方案

价格是影响消费者购买决策的重要因素之一。创业者需要制定合理的价格策略，既要保证利润，又要考虑消费者的接受程度。

（六）建立物流配送体系

物流配送是电子商务的重要环节之一。创业者需要与快递公司合作，建立稳定、高效的物流配送体系，确保商品能够及时、准确地送到消费者手中。

（七）搭建店铺网页并进行设计

店铺网页是创业者展示商品和品牌形象的重要窗口。创业者需要搭建一个美观、易用的店铺网页，并设计独特的风格以吸引消费者的关注。网页设计应体现店铺定位和品牌形象，提升消费者的购买体验和忠诚度。

（八）制定客户服务标准与建立售后体系

优质的客户服务是提高消费者满意度和忠诚度的关键。创业者需要制定客户服务标准，如响应时间、解决问题的方式等，并建立完善的售后体系，确保消费者在购物过程中获得及时、专业的服务支持。这将有助于提高店铺的口碑和竞争力。

淘宝网开店如图 3-2 所示。

图 3-2 淘宝网开店

二、淘宝网店铺注册与设置

注册淘宝网账号是开店的第一步。根据个人或企业的实际情况选择注册类型，并按照要求填写相关信息。注册成功后，完善店铺信息，包括店铺名称、LOGO、经营类目等。这些信息将直接展示在店铺首页，对于吸引客户和提高店铺形象至关重要。

（一）淘宝网店铺注册

1．注册淘宝网账号

首先，创业者需要在淘宝网上注册一个个人账号。注册时需要提供真实的个人信息，如姓名、身份证号、联系电话等。注册成功后，创业者就可以使用这个账号登录淘宝网了。

2．完成支付宝实名认证

由于淘宝网的交易主要通过支付宝进行，创业者需要完成支付宝的实名认证。实名认证可以增强账号的安全性，也有助于提高店铺的信誉度。创业者需要提供身份证正反面照片、银行卡信息等资料，按照支付宝的提示完成实名认证。

3．申请开店

在完成支付宝实名认证后，创业者就可以申请开店了。在淘宝网的“卖家中心”页面，点击“免费开店”按钮，按照提示填写店铺基本信息，如店铺名称、店铺类型、经营类目等。提交申请后，淘宝网会对创业者的信息进行审核，审核通过后即可成功开店。淘宝网店铺注册成功如图 3-3 所示。

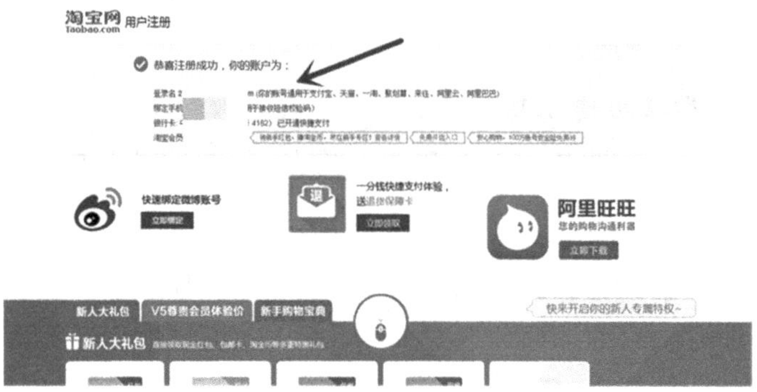

图 3-3　淘宝网店铺注册成功

（二）淘宝网店铺设置

设计店铺 LOGO 和网页：店铺 LOGO 是店铺的形象标志，创业者需要设计一个简洁、易记的 LOGO。

完善商品信息：在开店前，创业者需要准备好要销售的商品，并拍摄清晰的商品图片。在店铺设置过程中，创业者需要将商品信息上传到淘宝网，包括商品标题、描述、价格、运费等。商品信息的填写要准确、详细，以便消费者了解商品的特点和优势。

设置店铺分类和搜索关键词：为了方便消费者查找和购买商品，创业者需要设置店铺分类和搜索关键词。店铺分类可以按照商品的种类或品牌进行划分，搜索关键词则是消费者搜索商品时可能用到的词汇。合理设置店铺分类和搜索关键词可以提高商品的曝光率和购买转化率。

建立客户服务体系：良好的客户服务是提升店铺口碑和竞争力的关键。创业者需要建立客户服务体系，包括售前咨询、售后服务等，可以通过自动回复、在线客服等方式，及时解答消费者的疑问和处理问题。

制定物流与配送策略：物流与配送是电子商务的重要环节。创业者需要选择合适的物流公司合作，并制定合理的物流与配送策略。可以考虑提供多种配送方式以适应不同消费者的需求，如快递、平邮等。

总之，店铺注册与设置是在淘宝网上开展农村电子商务的重要环节。创业者需要认真填写注册信息、完成实名认证、申请开店并设置店铺信息。通过不断完善和优化店铺设置和服务体系，创业者可以在淘宝网上打造一个具有竞争力的店铺。

三、产品上架与推广

产品上架是开店的核心环节。首先，需要对产品进行拍摄和描述。拍摄时要注意产品的细节和特色，以吸引客户。描述时要详细准确，突出产品的卖点和优势。其次，要制定合理的价格策略和促销活动。定价时要考虑成本、市场竞争和客户心理等因素。促销活动可以提高产品的曝光率和销售量，如限时折扣、满减优惠等。最后，要积极推广店铺和产品，可以通过自然搜索优化、付费推广和社交媒体营销等方式提高店铺的知名度和流量。

（一）产品上架

准备产品信息：在上架产品之前，首先需要准备好详细的产品信息。这包括产品名称、产品描述、价格、规格、参数等。产品名称应简洁明了，能够准确表示产品特点；产品描述应详细清晰，突出产品优势和卖点；价格要合理，既要保证利润，又要考虑市场竞争力；规格和参数等信息也要准确无误，以便消费者了解产品详情。

进行图片拍摄与处理：产品图片是消费者了解产品的直观途径，因此图片的质量至关重要。创业者需要拍摄清晰、美观的产品图片，并进行必要的处理，如裁剪、调色等，以突出产品特点和细节。

进行分类与添加标签：为方便消费者查找和筛选产品，创业者需要对产品进行合理的分类，并添加相关标签。分类可以按照产品种类、品牌等进行设置；标签则可以根据产品特点、适用场景等进行设置。合理地进行分类和添加标签有助于提高产品的曝光率和购买转化率。

（二）产品推广

进行搜索引擎优化（SEO）：针对淘宝网等电商平台的搜索引擎进行优化，是提高产品曝光率的有效手段。创业者可以通过研究平台搜索规则和用户搜索习惯，优化产品名称、产品描述等关键信息，以提高产品在搜索结果中的排名。

利用社交媒体营销：利用社交媒体进行产品营销，可以扩大品牌知名度和影响力。创业者可以通过微博、微信、抖音等发布产品动态、分享使用心得，与消费者互动并吸引关注。

开展促销活动：开展促销活动是吸引消费者购买的重要手段。创业者可以根据店铺运营情况和市场需求，定期举办限时折扣、满减优惠、买赠等促销活动，刺激消费者的购买欲望。

注重客户评价与口碑传播：客户评价和口碑传播对于店铺运营至关重要。创业者需要关注客户的反馈，及时处理问题和改进服务。对于好评和优质评价，可以进行展示和分享，以提高店铺信誉度和口碑。

四、订单管理与物流配送

订单管理是店铺运营的重要环节。在收到订单后要及时确认并处理，确保货款结算方式的准确无误。发货时要选择合适的物流配送方式，并更新物流配送信息，确保客户能够及时收到商品。

（一）订单管理

1．订单接收与处理

消费者在店铺下单后，系统会自动生成订单信息，包括商品名称、数量、价格、收货地址等。此时，店铺需要及时接收并处理这些订单。在处理订单时，首先要核对订单信息，以确保商品数量、价格等无误。另外，要根据库存情况判断是否可以正常发货。如果库存不足，则需要及时与消费者沟通，协商解决方案。

2．订单跟踪与更新

在处理完订单后，店铺需要持续跟踪订单状态，确保能够按时发货并将商品送到消费者手中。

3．订单数据分析

通过对订单数据进行分析，店铺可以了解消费者购买习惯、商品销售情况等信息。这些信息对于店铺优化商品结构、制定营销策略等具有重要意义。

（二）物流配送

1．选择合适的物流配送渠道

农村地区的物流配送相对城市地区更为复杂，因此选择合适的物流配送渠道至关重要。店铺可以根据商品特点、消费者需求及成本控制等因素，选择适合的物流配送渠道。

2．包装与防护

在商品发货前，店铺需要对商品进行妥善的包装与防护。包装不仅要美观大方，还要能够保护商品在运输过程中不受损坏。特别是对于易碎、易变形的特殊商品，更需要加强包装与防护。通过合理的包装与防护，可以降低商品损坏率，提高客户满意度。

3．物流配送信息跟踪与异常处理

在商品发货后，店铺需要持续跟踪物流配送信息，确保商品能够按时送到消费者手中。

4. 物流配送成本控制

物流配送成本是农村电商运营的重要支出之一。因此，店铺需要合理控制物流配送成本，提高盈利能力。具体措施包括：优化物流配送渠道、提高包装效率、减少退换货等。通过科学合理地控制物流配送成本，店铺可以在保障服务质量的同时提高盈利能力。

五、客户服务与售后服务

优质的客户服务与售后服务是提升店铺口碑和客户忠诚度的关键。要建立专业的客服团队，提供快速响应和热情周到的服务。对于客户的咨询和投诉，要耐心倾听并积极解决。

（一）客户服务的重要性

提升客户满意度：优质的客户服务能够及时、准确地解答客户的咨询，提供个性化的购物建议，从而满足客户的需求。当客户的需求得到满足时，他们的满意度就会提高，更有可能成为店铺的忠实客户。

塑造品牌形象：客户服务是店铺与客户接触的窗口，服务人员的态度、专业知识和解决问题的能力直接影响客户对店铺的印象。因此，优质的客户服务有助于店铺塑造专业、可信的品牌形象。

促进销售增长：良好的客户服务能够提升客户的购物体验，使客户更愿意在店铺中消费。

（二）客户服务的实施策略

建立专业的客服团队：店铺应该组建一支具备专业知识、良好沟通能力和服务意识的客服团队。客服人员应该定期接受培训，以便更好地了解产品知识、掌握服务技巧和提升解决问题的能力。

提供多种客服渠道：为了满足不同客户的需求，店铺应该提供多种客服渠道，如在线聊天、电话、邮件等。这样，客户就可以根据自己的喜好和方便性选择合适的客服渠道进行咨询和反馈。

响应迅速且准确：客服人员应该在第一时间准确回复客户的咨询。对于复杂的问题，客服人员应该耐心倾听，并提供专业的解决方案。

（三）售后服务的重要性

维护客户关系：售后服务是维护客户关系的重要手段。当客户在使用产品过程中遇到问题时，及时的售后服务能够帮助客户解决问题，避免客户流失。

提升品牌形象：优质的售后服务能够展现店铺对客户的关心和负责态度，进一步提升品牌形象。客户在得到满意的售后服务后，会更愿意信任并推荐店铺。

促进二次销售：良好的售后服务能够增加客户对店铺的好感度，使客户更愿意再次购买该店铺的产品。

（四）售后服务的实施策略

建立完善的退换货规则：店铺应该制定清晰、公正的退换货规则，并在显眼位置进行公示。当客户需要退换货时，客服人员应该按照规则进行处理，确保客户的权益得到保障。

提供产品使用指导和维护服务：店铺可以向客户提供产品使用说明、保养建议等指导信息，帮助客户更好地使用和维护产品。

定期回访和关怀：店铺可以定期对购买过产品的客户进行回访，了解产品的使用情况和客户的需求。

在农村电子商务中，客户服务和售后服务是提升客户满意度、维护品牌形象和促进业务增长的关键环节。店铺应该重视这两个方面的工作，通过提供专业的客服团队、多种客服渠道及优质的售后服务来满足客户的需求并培养客户的忠诚度。

六、店铺运营分析与优化

数据是店铺运营的重要依据。要利用淘宝网后台数据分析功能和第三方数据分析工具对店铺的经营数据进行监控和分析。通过流量来源分析、转化率优化和客单价提升等策略，不断优化店铺的运营效果。

（一）店铺运营分析的重要性

店铺运营分析是农村电商成功的关键。通过对销售数据、客户行为、市场竞争等多方面数据的分析，商家可以把握市场趋势，及时调整经营策略。

（二）店铺运营分析的主要内容

销售数据分析：商家应定期统计各类商品的销售量、销售额、客单价等数据，以评估商品的市场表现。此外，还需关注销售淡旺季的变化，以便合理安排库存和促销活动。

客户行为分析：通过分析客户的购买频次、购买偏好、浏览记录等数据，商家可以深入了解客户的需求和购物习惯。这有助于商家为客户提供更加个性化的推荐和服务，提高客户满意度和忠诚度。

市场竞争分析：商家需要密切关注竞争对手的动态，包括价格策略、促销活动、新品上市等。通过对比分析，商家可以发现自身的优势和不足，从而制定有效的竞争策略。

店铺流量分析：流量是店铺运营的基础。商家应关注店铺的访问量、转化率、跳失率等指标，以评估店铺的吸引力。针对流量来源和访客特征，商家可以优化店铺布局和商品展示，提高流量利用效率。

（三）店铺运营优化策略

商品结构优化：根据销售数据和客户行为，商家可以调整商品结构，增加热销商品和潜力商品的库存，减少滞销商品的占比。

服务质量提升：优质的服务是吸引和留住客户的关键。商家应加强客服培训，提高客服人员的专业素养和服务意识。此外，完善售后服务体系，及时解决客户的问题和投诉，提升客户满意度。

营销活动策划：针对重要的销售节点和节假日，商家可以策划各种营销活动，如满减、折扣、赠品等。通过活动吸引客户的关注和购买欲望，提高销售额。

店铺形象打造：店铺形象是客户对店铺的第一印象。商家应注重店铺的搭建和设计，营造舒适、专业的购物环境。此外，加强店铺的品牌建设，提升店铺的知名度和美誉度。

店铺运营分析与优化是农村电商成功的关键。商家应重视运营分析工作，深入挖掘数据背后的信息，制定针对性的优化策略。通过不断优化商品结构、提升服务质量、策划营销活动和打造店铺形象等措施，商家可以在激烈的市场竞争中脱颖而出，实现持续盈利和发展。

案例链接

都江堰市推动电商协同多元产业聚效成势发展

2020 年 7 月的一天，都江堰市携手拼多多，为全国网友带来一场别开生面的直播带货，推介都江堰、青城山、熊猫谷等网红打卡地。截至当天下午 3 点，直播活动吸引了 36 万名网友围观，当地景区门票、餐饮、酒店、特产、非遗、文创等线上线下旅游相关产品订单环比增长超过 310%，仅“都行卡”累计销售近 40 万元。都江堰市始终把促进电子商务发展作为“产业转型、品质提升”的重要抓手，不断整合优势资源，强化人才支撑，创新发展模式，加快构建推动经济发展的新引擎、新动力。2019 年，都江堰全市网络零售额达 75 亿元，同比增长 47%，新增电商企业 48 家，网商数量（含企业、个人）达 20 038 个，电商协同农旅多元产业叠加、聚效成势发展的格局初步呈现。发展电商，人才是关键的一环。为了强化人才支撑，都江堰市深入实施创新发展战略，积极构建“产学研”融合发展体系。截至 2020 年 6 月，都江堰市电子商务学院已全面建成，搭建了四川省电子商务产教融合创新平台，配备了大数据服务器等设施设备，邀请专家开展 8 次驻都江堰市实地考察、调研，2 轮评审，引入合作企业 15 家。“农、商、旅、文、会”是都江堰市的优势产业，在深耕电商经济的过程中，都江堰市依托以上优势，创新拓展销售路径，积极助力企业、商家转型升级。

2020 年，都江堰市先后举办“都江堰线上春茗会”“春暖花开出游季”“拼多多都江堰城市营销大联播”“都江堰啤酒美食节”等多场大型线上活动。活动通过融入直播、短视频、软文等新媒体，全方位、多领域、立体化开展特色产品销售、历史文化传承、城市禀赋推介，活动期间全市参与的商家超过 500 家、实物+虚拟商品上线数千余款。近年来，都江堰市持续加大对电商企业扶持培育力度。截至 2020 年 6 月，都江堰市电商平台注册的旅行社发展至 153 家，并打造了“大青城·鲜生活”“青城八百里”等本地特色农产品电商平台 10 家。

都江堰市一直坚持探索利用电子商务促农增收、助农脱贫的新路子。目前，都江堰市商务和投资促进局已与凉山州的喜德县、昭觉县、普格县商务主管部门签订了对口帮扶协议，并多次率相关电商企业和供应链企业前往凉山州开展电商帮扶工作，在田间地头促进产销对接。至今已购买了凉山州昭觉县 10 吨番茄和 50 吨土豆，并提供了都江堰市 2000 个高端民宿房间用于推广销售凉山州扶贫产品。都江堰市还搭建了贫困县电子商务营销服务体系，促进扶贫产品线上线下融合发展，助力脱贫攻坚。都江堰市全力做好国家电商示范县项目的组织实施，结合当地产业优势，聚焦脱贫攻坚和乡村振兴，以数据驱动为核心，发挥共享物流、大数据、云服务等作用，搭建电商公共服务体系、电商职业经理人、直播实训基地、“农商旅”融合体系等，探索可持续发展的流量置换模式，打造都江堰市互联网品牌 IP，逐步构建普惠共享、产业融合的电商生态圈，建设样板化、模式化、系统化、可推广的国家级电商示范县样板。

经验启示：都江堰市通过电商推动多元产业协同发展的案例启示我们地方经济须紧跟时代步伐，利用电商拓宽市场，整合资源，强化人才支撑。都江堰市的成功在于其精准定位、创新模式、多元融合，不仅促进了本地经济快速增长，还带动了乡村振兴和脱贫攻坚。这一案例为其他地区提供了宝贵经验，值得借鉴和推广。

知识拓展

我国网民规模达 10.79 亿人，互联网普及率达 76.4%

中国互联网络信息中心发布的第 52 次《中国互联网络发展状况统计报告》显示，截至 2023 年 6 月，我国网民规模达 10.79 亿人，较 2022 年 12 月增长 1109 万人，互联网普及率达 76.4%。

在网络基础资源方面，截至 2023 年 6 月，我国域名总数为 3024 万个；IPv6 活跃用户数达 7.67 亿；移动电话基站总数达 1129 万个，其中累计建成开通 5G 基站 293.7 万个，占移动基站总数的 26%；移动互联网应用蓬勃发展，国内市场上监测到的活跃 APP 数量达 260 万款，进一步覆盖网民日常学习、工作、生活。

另外，报告显示，2023 年上半年，我国各类互联网应用持续发展，多类应用用户规模获得一定程度的增长。即时通信、网络视频、短视频用户规模分别达 10.47 亿人、10.44 亿人和 10.26 亿人，用户使用率分别为 97.1%、96.8%和 95.2%；网约车、在线旅行预订、网络文学的用户规模较 2022 年 12 月分别增长 3492 万人、3091 万人、3592 万人，增长率分别为 8.0%、7.3%、7.3%，成为用户规模增长最快的三类应用。

据第 52 次《中国互联网络发展状况统计报告》，在 2023 年上半年我国市场需求逐步恢复的大背景下，数字经济成为稳增长的重要引擎，有力助推了经济回升向好。

报告显示，互联网服务体验与用户获得感进一步提升。2023 年第一季度，我国移动和固定宽带的下载速率同比分别提升了 59.9%和 15.1%，移动数据流量资费持续下降。

工业互联网行业持续提升端、网、边、云、用的产业供给水平，促进共性技术与个性技术整合创新，呈现出较快发展态势。截至 2023 年 6 月，我国 5G 行业虚拟专网建设超过 1.6 万个；工业互联网标识解析体系覆盖 31 个省（区、市）；具有一定影响力的工业互联网平台超过 240 家；国家工业互联网大数据中心体系基本建成。

与实体经济相关的各项互联网业务快速发展。2023 年上半年，我国互联网企业紧紧抓住新冠疫情后市场需求逐步恢复的良好机遇，积极推动线下各场景业务复苏，助力实体经济高质量发展。其中，网购、网约车、在线旅行预订等领域均呈现良好发展势头，为广大网民的衣食住行提供全方位数字生活体验。截至 2023 年 6 月，我国网购、网约车、在线旅行预订的用户规模半年增长均超过 3000 万人。

报告显示，2023 年上半年，全国网上零售额达 7.16 万亿元，同比增长 13.1%，其中，农村网络零售额达 1.12 万亿元，同比增长 12.5%；实物商品网上零售额达 6.06 万亿元，同比增长 10.8%，占社会消费品零售总额的比重为 26.6%，在消费中占比稳步提升。作为数字经济的重要业态，网购消费在助力消费增长中持续发挥积极作用。截至 2023 年 6 月，我国网购用户规模达 8.84 亿人，较 2022 年 12 月增加 3880 万人，占网民整体的 82.0%。

从业态发展来看，我国跨境电商保持快速增长。上半年，我国跨境电商进出口额达 1.1 万亿元，同比增长 16%；跨境电商货物进出口规模占外贸的比重由 5 年前的不足 1%上升到 5%左右，跨境电商成为外贸重要的新生力量；农村电子商务取得积极进展，2023 年上半年，全国农村网络零售额达 1.12 万亿元，同比增长 12.5%。农村物流体系不断完善，为畅通城乡商贸循环，带动工业品下乡和农产品上行提供了有力支撑。

报告以专栏形式重点关注了网民数字技能发展概况，有以下两方面特点。

一是网民数字技能水平总体向好。2023 年上半年，各类数字化产品及服务加速渗透，促使网民数字技能水平稳步提升。截至 2023 年 6 月，至少掌握一种初级数字技能的网民占网民整体的比例为 86.6%；至少掌握一种中级数字技能的网民占网民整体的比例为 60.4%，较 2022 年 12 月增长 2.1 个百分点。此外，在掌握初级技能的网民中，至少熟练掌握其中一种的网民占比为 21.6%，与 2022 年 12 月相比实现小幅增长。

二是重点群体逐步掌握数字技能。各地政府多措并举，从环境侧加强政策指导，从需求侧加强宣传教育，从供给侧降低使用门槛，促使重点人群认识、了解、学习并掌握数字技能。截至 2023 年 6 月，学生网民中至少掌握一种初级数字技能的比例达 98.5%，至少掌握一种中级数字技能的比例达 81.0%，较 2022 年 12 月分别提升 0.6 和 4.5 个百分点；50~59 岁网民中至少掌握一种初级数字技能的比例为 72.8%，60 岁及以上网民中至少掌握一种初级数字技能的比例为 54.6%；农村网民中至少掌握一种初级数字技能的比例为 75.0%。

2023 年上半年各大网络视频平台继续坚持高品质内容创作，探索影视工业化道路，长、短视频平台之间的竞争关系逐渐转化为合作共赢，行业发展态势向好。截至 2023 年 6 月，我国网络视频（含短视频）用户规模为 10.44 亿人，较 2022 年 12 月增长 1380 万人，网民使用率达到 96.8%，继续保持高位增长态势，几近成为全民化应用。

一是持续加强优质内容供给，构建良好内容生态。多元化的节目类型和高品质的节目内容一直都是视频平台的核心竞争力。近年来，各平台持续加强优质内容创作，不断提高节目品质，打造了一批有思想、有内涵、正能量、高质量的节目，带动用户黏性提升。

二是持续探索影视工业化，推动行业降本增效。基于人工智能、大数据和云计算等技术，各平台不断深化科技创新，搭建起影视工业化系统，推动影视行业实现了从决策、管理到制作、分发的全流程升级。例如，在流程上，平台将数字化管理工具应用于审批、进度管理等多环节，提升了整体制作效率；在资产上，平台通过建立影视资产共享平台，将道具、服装等实物资产和场景等虚拟资产进行系统管理，降低制作成本。

三是长、短视频平台之间由竞争转向合作，逐步实现产业共荣。长视频平台丰富的内容储备为短视频的衍生创作提供了源头活水，短视频也已成为影视作品重要的宣传推广形式，通过两者之间的合作能推动平台、用户、创作者多方共赢。

学习笔记

一、任务概览

本任务详细介绍了淘宝网开店的流程、所需条件、经营策略及注意事项。淘宝网作为我国最大的网购平台之一，为众多创业者和小微企业提供了低门槛、高效率的创业机会。

二、核心知识点

开店流程：在淘宝网开店需要先注册账号，完成支付宝认证，然后进行店铺申请。申请过程中需要填写店铺信息、上传相关证件等。通过审核后，即可正式开店。

所需条件：开店者需要具备一定的经营资质和条件，如合法注册的企业或个人、有稳定的货源和供应链、具备一定的网络营销能力等。此外，还需要了解淘宝网的规则和要求，确保合规经营。

经营策略：在淘宝网开店需要制定合适的经营策略，包括商品定位、价格策略、促销手段、客户服务等。通过不断优化经营策略，提高店铺的曝光率和转化率，从而实现盈利目标。

注意事项：在开店过程中需要注意一些细节问题，如商品描述的准确性、图片的清晰度、物流的选择等。这些问题会直接影响买家的购物体验和店铺的口碑。因此，需要认真对待每一个细节，不断提升店铺的服务质量。

三、学习感悟

通过本任务，我们能感受到淘宝网开店挑战与机遇并存。一方面，淘宝网提供了广阔的市场空间和丰富的营销工具，为创业者提供了良好的创业环境；另一方面，激烈的竞争和不断变化的市场环境也对开店者提出了更高的要求。

拓展练习

一、选择题

1. 在淘宝网开店前，创业者需要进行（　　）工作，以了解目标市场的需求和偏好。

A. 市场调研与分析　　B. 商品拍摄与处理

C. 制定价格策略　　D. 建立物流配送体系

2. 在淘宝网开店，创业者需要进行（　　），以增加店铺的可信度。

A. 淘宝开店认证　　B. 商品信息上传

C. 店铺分类设置　　D. 搜索引擎优化

3. 创业者制定客户服务标准的主要目的是（　　）。

A. 提高商品价格　　B. 增加商品种类

C. 提升客户满意度和忠诚度　　D. 优化物流配送体系

4. 在产品上架过程中，创业者需要准备（　　）关键信息，以便消费者了解商品详情。

A. 产品标题和描述　　B. 店铺装修方案

C. 物流配送策略　　D. 社交媒体营销计划

5. 店铺运营分析的主要内容包括（　　）。

A. 销售数据分析　　B. 商品拍摄与处理

C. 店铺页面设计　　D. 物流配送渠道选择

二、填空题

1. 在开店之前，创业者需要进行深入的市场调研，了解________、竞争情况及潜在顾客群体。

2. 创业者需要准备要销售的商品，并为商品拍摄________的图片。

3. 创业者需要制定________和建立售后体系，确保消费者在购买过程中能够获得及时、专业的服务支持。

4. 商品信息的填写要________、详细，以便消费者了解商品的特点和优势。

5. 通过分析客户的购买频次、购买偏好、________等数据，商家可以深入了解客户的需求和购物习惯。

三、简答题

1. 简述创业者开店前需要进行的市场调研与定位工作。

2. 创业者怎样准备商品与拍摄图片能满足开店需求？

3．创业者应如何制定价格策略与促销方案？

4．创业者应如何搭建店铺页面并设计装修？

5．店铺运营分析的主要内容包括哪些方面？

知识学习

任务二　京东商城开店

随着电子商务的迅猛发展，越来越多的企业和个人选择在京东商城等电商平台上开店，以拓展销售渠道、提升品牌影响力。京东商城作为国内知名的电商平台，拥有庞大的用户群体和完善的物流体系，为农村电子商务发展提供了有力的支持。京东商城首页如图 3-4 所示。

图 3-4　京东商城首页

一、开店前的准备工作

在开店之前，需要做好充分的准备工作。首先，需要了解京东商城的入驻要求，包括企业资质、品牌授权、商品品质等方面的要求。其次，需要进行市场调研，了解目标客户的需求和购物习惯，以便更好地对店铺进行定位和选择商品。最后，需要准备好店铺的基本信息，包括店铺名称、LOGO、介绍等，以便在开店申请时能够顺利通过审核。

（一）市场分析与定位

在开店之前，商家需要进行市场分析与定位。这包括对目标市场和用户进行深入了解，如了解消费者的需求和购买习惯，以及竞争对手的情况等。

（二）资质准备与申请

在京东商城开店，商家需要具备一定的资质。首先，商家需要是合法注册的企业或个体工商户，具备相应的营业执照。其次，根据所售商品，商家可能需要提供特定的行业资质证明，如食品流通许可证、医疗器械经营许可证等。最后，商家还需要了解京东商城的入驻流程和规则，按照平台要求进行资质申请和店铺开设。

（三）商品准备与拍摄

商品是店铺的核心竞争力，因此商家需要精心挑选和准备商品。首先，商家需要确保所售商品的质量可靠，符合国家相关标准和规定。其次，商家需要对商品进行合理的定价，既要保证利润空间，又要考虑市场竞争力。

（四）物流准备与合作

在京东商城开店，物流是不可或缺的一环。商家需要选择合适的物流合作伙伴，确保商品能够快速、准确地送到消费者手中。

（五）店铺搭建与设计

店铺的搭建和设计对于提升品牌形象和吸引消费者至关重要。商家需要根据自己的定位和目标用户群体，设计出符合京东商城平台风格的店铺界面。这包括店铺 LOGO、招牌、主图、详情页等元素的制作和优化。

（六）人员培训与客服准备

在开店之前，商家需要对店铺运营人员进行专业的培训，包括平台规则、商品知识、营销技巧等方面。此外，商家还需要建立完善的客服体系，配备专业的客服人员，提供及时、准确、周到的服务。良好的服务能够提高用户的满意度和忠诚度，为店铺带来更多的回头客和更好的口碑。

综上所述，在京东商城开店前的准备工作涉及多个方面，包括市场分析与定位、资质准备与申请、商品准备与拍摄、物流准备与合作、店铺搭建与设计、人员培训与客服准备。

二、开店流程

京东商城开店的流程相对简单。首先，登录京东商城的官方网站或商家后台，填写相关信息并提交开店申请。在填写时，需要详细描述店铺的经营范围、商品品类、品牌授权等信息，并上传相关证件文件等资料。提交申请后，京东商城会对申请进行审核，审核通过后即可正式开店。

在开店过程中，需要注意以下几点：一是要确保所提交的信息真实有效，不得虚假宣传或欺诈；二是要遵守京东商城的规则和要求，不得违规操作或侵犯他人权益；三是要积极与京东商城的客服人员沟通联系，及时解决问题和反馈意见。

（一）注册与登录

开店的第一步是在京东商城官网上进行注册。商家需要点击官网首页的“商家入驻”按钮，进入入驻页面。在这里，商家可以选择入驻类型，如个人、企业等，并填写相关信息，如用户名、密码、联系方式等。完成注册后，商家需要使用注册的用户名和密码登录京东商城商家后台。

（二）提交入驻申请

登录商家后台后，商家需要按照平台要求填写入驻申请表。入驻申请表包括基本信息、店铺信息、品牌信息、商品信息等。在填写过程中，商家需要确保所填信息的真实性和准确性。

（三）等待审核

提交入驻申请后，商家需要耐心等待京东商城的审核。审核时间一般与商家所提交资料的完整度和准确度，以及平台当前的审核工作量有关。在等待审核期间，商家可以随时登录商家后台查看审核进度，需要保持联系方式畅通，以便及时接收审核结果通知。

（四）签订合作协议与缴费

审核通过后，京东商城将与商家签订合作协议。协议中将明确双方的权利和义务、店铺经营规则、费用结算方式等重要内容。商家在签订合作协议时需要仔细阅读条款，确保自身权益得到保障。

（五）店铺搭建与上货

签订合作协议与缴费后，商家就可以开始进行店铺搭建和上货操作了。店铺搭建包括设计店铺 LOGO、选择店铺模板、设置店铺分类等。合理的店铺搭建可以提升店铺的形象，吸引更多消费者的关注。上货则包括发布商品信息、上传商品图片、设置商品价格等。在上货过程中，商家需要确保商品信息的准确性和完整性，以便消费者能够详细了解商品详情并做出购买决策。

（六）开展营销活动

为了提升店铺知名度和销量，商家还需要积极开展营销活动。京东商城提供了多种营销功能，如优惠券、拼团、秒杀等。商家可以根据自己的经营需求和目标客户群体选择合适的营销方式，并编制详细的营销计划。通过开展营销活动，商家可以吸引更多消费者的关注并提升他们的购买欲望，提高店铺的曝光率和转化率。

综上所述，京东商城开店包括注册与登录、提交入驻申请、等待审核、签订合作协议与缴费、店铺搭建与上货、开展营销活动六个步骤。商家需要按照流程逐步进行操作，并确保所填信息的真实性和准确性。通过认真准备和积极努力，商家可以在京东商城成功开店并实现业务增长。

三、店铺管理

在开店之后，需要进行有效的店铺管理以提升店铺形象和销售业绩。首先，需要完善店铺的基本设置，包括店铺搭建、商品分类、价格设置等，以营造良好的购物环境。其次，需要定期更新商品信息，包括商品图片、描述、价格等，以保持商品的吸引力和竞争力。最后，需要关注客户评价和反馈，及时处理投诉和纠纷，以提升用户的满意度和忠诚度。在店铺管理过程中，可以运用一些技巧和工具来提高效率。

（一）商品管理

商品是店铺的核心，因此商品管理至关重要。商家需要定期更新商品信息，确保商品信息的准确性和完整性。这包括商品标题、描述、价格、库存等。

（二）订单管理

订单管理是店铺运营的关键环节。商家需要及时处理消费者的订单，包括确认订单、发货、物流跟踪等。在处理订单的过程中，商家需要与消费者保持良好的沟通，及时解答消费者提出的问题。

（三）客户管理

客户是店铺的宝贵资源，因此客户管理同样重要。商家需要建立客户档案，记录客户的基本信息、购买记录、咨询记录等。通过客户档案，商家可以更好地了解客户的需求和购物习惯，为客户提供更加个性化的推荐和服务。

（四）营销管理

营销管理是提升店铺知名度和销量的重要手段。商家需要编制详细的营销计划，包括促销活动、广告投放、社交媒体推广等。在编制营销计划时，商家需要根据自己的经营需求和目标客户群体选择合适的营销方式，并设定明确的营销目标。

（五）数据分析与运营优化

数据分析是店铺管理的重要依据。商家需要定期分析店铺的运营数据，包括销售额、客单价、转化率、访客数等。通过数据分析，商家可以了解店铺的运营情况，找出存在的问题和潜在机会，从而制定针对性的优化措施。例如，对于转化率较低的商品，商家可以考虑优化商品详情页或调整价格策略；对于访客数较少的店铺，商家可以考虑增加广告投放或提升店铺形象。

（六）风险管理与售后服务

风险管理是店铺管理的重要组成部分。商家需要关注店铺的经营风险，如欺诈行为、恶意差评等。对于可能存在的风险，商家需要制定相应的应对措施，如建立风险防控机制、加强与消费者的沟通等。

四、营销推广

为了提升店铺的知名度和销售业绩，需要进行有效的营销推广。京东商城提供了多种营销推广方式，包括搜索引擎优化（SEO）、广告投放、促销活动等。SEO 可以提高店铺在搜索引擎中的排名，增加曝光率和流量；广告投放可以快速吸引目标客户的关注；促销活动可以激发客户的购买欲望，以及提高转化率。

在进行营销推广时，需要注意以下几点：一是要制定明确的营销目标和策略，确保推广活动有针对性和实效性；二是要关注客户需求和购物习惯，选择合适的推广方式和渠道；三是要控制推广成本，确保投入产出比合理；四是要定期评估推广效果，及时调整策略和优化方案。

案例链接

金堂县入选“国家队”
“互联网 + 三农”促传统产业转型升级

地处川西平原与川中丘陵交接地带，千里沱江蜿蜒流淌，得天独厚的地理环境使金堂县成为知名的农业大县。金堂县大力推进电子商务进农村，2020 年 1—9 月，金堂县电子商务交易额实现 88.81 亿元，网络零售额达 10.01 亿元，农产品网络零售额达 7323 万元，网商总数共计 6485 家，带动 2.45 万人就业。在商务部公布的 2020 年国家电子商务进农村综合示范县名单中，金堂县榜上有名。

金堂县一直把电子商务进农村作为农业产业结构深度调整的重要抓手，以大数据、云计算、移动互联网等信息技术为依托，大力实施“互联网+三农”战略，促进传统产业转型升级。

为推进全县电子商务的发展，金堂县统筹规划并建设了具有四个核心功能区的电子商务产业孵化中心。其中，县级电子商务公共服务站为入驻电子商务产业孵化中心的电子商务企业、快递公司、微商、个体从业者提供创业辅导、人员培训、项目推荐等服务；电子商务孵化区目前已入驻数十家企业，电子商务从业人员达到上千人；仓储物流配送区入驻多家主流快递公司，减轻各电商企业在物流环节的负担，减少中间环节；农产品网货展示厅则集中展示具有金堂县特色的农副产品，打造具有金堂县特色的农产品品牌。电子商务产业孵化中心如图 3-5 所示。

图 3-5　电子商务产业孵化中心

“金乡运”农村共同物流配送体系专注于构建网络化和系统化的 O2O 运营模式，通过线上平台与线下服务的紧密结合，推广当地特色农产品。这种模式不仅结合了网络销售的便捷性，还融入了实体卖场的服务体验，旨在促进工业品下乡和农产品进城，真正实现了城乡资源的有效流通和互补。

金堂县为加快推动电子商务与农业农村融合发展，一直注重农产品的品牌推广，力争在农产品电商新业态、新场景上率先突破。目前，“金堂造”产品配送范围持续扩大、网销产品品类众多、品牌逐步做大做强。以金堂县农产品电子商务服务中心为例，其日均发货量达 5000 单，配送区域覆盖北京、上海、广州、湖南、江苏等区域，在拓宽销售渠道的同时，能有效提升金堂县特色产品的品牌知名度和影响力，打造金堂县品牌。

经验启示：金堂县通过实施“互联网+三农”战略，成功推动了传统产业的转型升级。电子商务的快速发展，带动了农产品网络零售额的显著增长，促进了就业，并成功入选国家电子商务进农村综合示范县。金堂县建立的电子商务产业孵化中心为电商企业提供了全方位的支持，同时“金乡运”农村共同物流配送体系和农产品品牌推广策略进一步扩大了金堂县农产品的市场影响力，提升了品牌的知名度。

知识拓展

2024 年 3 月 5 日，商务部等 9 部门发布《关于推动农村电商高质量发展的实施意见》。发展农村电商，是创新商业模式、建设农村现代流通体系的重要举措，是转变农业发展方式、带动农民增收的有效抓手，是促进农村消费、满足人民对美好生活向往的有力支撑。近年来，商务部会同有关部门大力发展农村电商，基本建立起县乡村三级电子商务服务体系和物流配送体系，在助力脱贫攻坚和全面推进乡村振兴中发挥了积极的作用。为了贯彻党的二十大精神，落实 2024 年中央一号文件的要求，我们将推动农村电商的高质量发展，助力构建新的发展格局。

学习笔记

一、任务概览

本任务详细介绍了京东商城开店前的准备工作、开店流程、店铺管理、营销推广。京东商城作为国内知名的电商平台，以其严格的品控、高效的物流和优质的服务赢得了消费者的信赖。对于希望在电商领域拓展业务的商家来说，京东商城无疑是一个值得考虑的选择。

二、核心知识点

开店流程：注册与登录、提交入驻申请、等待审核、签订合作协议与缴费、店铺搭建与上货、开展营销活动。

店铺管理：商品管理、订单管理、客户管理、营销管理、数据分析与运营优化、风险管理与售后服务。

营销推广：为了提升店铺的知名度和销售业绩，需要进行有效的营销推广。需要注意的是，在营销推广中需要制定明确的营销目标和策略，关注客户需求和购物习惯，控制推广成本，定期评估推广效果。

三、学习感悟

通过本任务，我们要认识到在京东商城开店不仅需要具备基本的电商知识和技能，还需要对市场和消费者有深入的了解。

拓展练习

一、选择题

1. 京东商城开店前，商家需要了解平台的（　　）。

A. 物流体系　　B. 入驻政策和要求

C. 市场规模　　D. 竞争对手情况

2. 在京东商城开店流程中，（　　）后提交开店申请并填写相关信息。

A. 登录商家后台　　B. 签订合同与缴费

C. 提交入驻申请　　D. 店铺装修与上货

3. 在京东商城开店过程中，需要注意（　　）。

A. 虚假宣传　　B. 遵守平台规则

C. 恶意差评　　D. 不理睬用户反馈

4. 京东商城的营销推广方式不包括（　　）。

A. 搜索引擎优化（SEO）　　B. 广告投放

C. 促销活动　　D. 线下活动

5. 在京东商城的店铺管理中，（　　）是了解客户需求和购物习惯的重要途径。

A. 商品管理　　B. 订单管理

C. 客户管理　　D. 营销管理

二、填空题

1. 在京东商城开店前，商家需要进行市场分析与定位，这包括对______的深入了解。

2. 商家在京东商城开店需要具备一定的资质，其中______是必需的。

3. 在京东商城开店流程中，商家需要等待______对申请进行审核。

4. 京东商城的营销推广方式包括搜索引擎优化（SEO）、______和促销活动等。

5. 在京东商城的店铺管理中，商家需要定期分析店铺的运营数据，包括销售额、______、转化率、访客数等。

三、简答题

1. 简述京东商城开店前的准备工作。
2. 在京东商城开店包括哪些步骤？
3. 简述在京东商城营销推广时的注意事项。
4. 在京东商城的店铺管理中，商品管理的重要性体现在哪里？
5. 简述在京东商城开店过程中，商家应如何遵守平台规则和政策。

知识学习

任务三　微信开店

随着移动互联网的普及和微信的广泛应用，微信开店已成为越来越多农村电子商务从业者的选择。微信平台具有用户基数大、社交属性强、流量获取相对容易等优势，为农村电子商务的发展提供了新的机遇。

一、微信开店的前期准备

在微信开店之前，需要做好充分的准备工作。首先，需要了解微信开店的要求，包括个人或企业资质认证、微信支付开通等。其次，要进行市场调研，了解目标客户的需求和购物习惯，以便更好地定位店铺和选择商品。最后，还需要准备好店铺的基本信息，包括店铺名称、LOGO、介绍等，以便在开店申请时能够顺利通过审核。具体地，微信开店的前期准备有如下内容。

（一）市场调研与目标定位

在微信开店之前，商家需要进行市场调研，了解目标市场的需求和竞争情况。这包括对潜在客户的消费习惯、购买力、喜好等方面进行深入了解。通过市场调研，商家可以明确自己的产品或服务在市场中的竞争优势，从而进行准确的目标定位。

（二）微信账号注册与认证

商家需要注册一个微信公众号或小程序账号。在注册过程中，商家需要按照要求填写相关信息，并完成账号的认证。认证可以提高账号的权威性和可信度，有助于提升消费者的购买意愿。

（三）产品或服务准备

产品或服务是店铺的核心竞争力，因此商家需要精心挑选和准备产品或服务。这包括确保产品或服务的质量可靠、价格合理、符合市场需求等方面。

（四）支付与物流准备

在微信开店过程中，支付与物流是不可或缺的环节。商家需要选择合适的支付方式，确保消费者能够方便快捷地完成支付操作。同时，商家需要选择合适的物流公司，考虑提供哪种配送方式，如快递、平邮等，以适应不同消费者的需求。

（五）店铺设计与搭建

店铺的设计与搭建对于提升品牌形象和吸引消费者至关重要。商家需要根据自己的品牌定位和目标客户群体，设计出符合微信店铺风格的界面。这包括店铺 LOGO、招牌、主图、详情页等元素的制作和优化。

（六）人员培训与客服准备

在微信开店前，商家需要对运营人员进行专业的培训，涵盖平台规则、商品知识、营销技巧等方面。同时，商家需要建立一个完善的客服体系，配备专业的客服人员，确保能够提供及时、准确、周到的服务。优质的服务不仅能提高客户满意度和忠诚度，还能为微信店铺带来更多的回头客，促进良好口碑的传播。

在微信开店的前期准备过程中，还需要注意以下几点：一是要确保所提交的信息真实有效；二是要熟悉微信平台的操作规则和要求，避免因违规操作使店铺被封禁；三是要积极与微信平台的客服人员沟通联系，及时解决问题和反馈意见。

二、微信店铺的搭建与管理

完成前期准备后，就可以开始搭建微信店铺了。微信店铺的搭建包括店铺设计、商品上架、价格设置等环节。在店铺设计方面，需要选择合适的店铺模板，设计美观的店铺页面，以提升用户的购物体验。

微信店铺的管理主要包括订单处理、客户服务、数据分析等方面。在订单处理方面，需要及时处理用户的订单信息，确保订单准确无误地送到用户手中。在客户服务方面，需要积极回应用户的咨询和投诉，提供专业的解答和帮助，提升用户满意度。在数据分析方面，需要运用微信平台提供的数据分析工具进行销售数据分析，了解商品销售情况和用户购买行为，以便制定更有效的营销策略。

三、微信店铺的营销推广

为了提升微信店铺的知名度和销售业绩，需要进行有效的营销推广。微信平台提供了多种营销推广方式，包括朋友圈分享、微信公众号推广、微信小程序推广等。通过朋友圈分享可以扩大店铺的曝光率和影响力；通过微信公众号推广可以吸引更多的潜在用户关注和购买；

通过微信小程序推广可以提升店铺的便捷性和用户体验。

微信店铺在进行营销推广时，需要注意以下几点：一是要制定明确的营销目标和策略，确保推广活动有针对性和实效性；二是要关注用户需求和购物习惯，选择合适的推广方式和渠道；三是要控制推广成本，确保投入产出比合理；四是要定期评估推广效果，及时调整策略和优化方案。

四、微信开店的挑战与对策

微信平台的规则不断变化，微信店铺需要不断适应和调整。针对这个挑战，微信店铺可以采取以下对策：一是要不断提升店铺的服务质量和商品品质，以口碑赢得用户；二是要关注行业动态和政策变化，及时调整经营策略；三是要积极参与微信平台的各类活动，提升店铺的曝光率和知名度；四是要加强与用户的互动和沟通，建立良好的用户关系。

案例链接

云霄县："电商+"创新举措　助力乡村振兴

福建省漳州市云霄县电商办坚决贯彻落实习近平总书记在陕西考察期间的重要讲话精神，通过电商和乡村振兴之间"修路搭桥"，让"绿水青山"触网，为"金山银山"接单，探索出一条行之有效的电商助力乡村振兴新路径。

一、背景情况

云霄县原是福建省级扶贫开发重点县，辖 9 个乡镇（场）和 1 个工业开发区，有 186 个行政村（社区），总面积为 1166 平方千米，人口为 42 万人。

云霄县原本是一个典型的农业县，农产品资源丰富，但受制于传统销售模式，农产品销售困难，农民收入增长缓慢。为了改变这一现状，云霄县政府积极响应国家乡村振兴战略，将电商作为推动乡村振兴的重要抓手，通过"电商+"模式，将农产品与电商相结合，打造了一条全新的销售渠道。

二、主要做法

（一）"电商+"线上枇杷节，在全省率先把传统"节会"改为线上举行

2020 年 2 月，开春第一果枇杷熟了，拥有中国驰名商标的"云霄枇杷"因缺乏销售渠道陷入销售困境，传统的枇杷节也无法举行，棪树村村委委员吴素华忧心忡忡地说："去年这个时候，我们这里有几十个外地来收购枇杷的客商，现在只有三个，再这样下去，群众的收入就泡汤了，脱贫户很可能就要返贫了。"

云霄县电商办了解到这个情况后，及时向领导汇报，取得领导的支持后，在 3 月 6 日把连续举办 5 届的枇杷节"搬"到网上，云霄县电商办通过直播、微商、短视频大赛等形式，推动枇杷线上线下销售"火力全开"，副县长李娟"直播带货"为云霄枇杷网上造势、网上促销。

吴素华也亲自转战网销，为当地枇杷代言，成了网红"枇杷姐姐"。"我们让村民将枇杷

采摘好，在家里预先称重装箱，将姓名、电话和重量写在箱子上，每一户家庭派一名代表将包装好的枇杷送到固定的收购点。这样既可以避免人员聚集，又可以让村民的枇杷得以售卖，真正做到无接触收购。”吴素华说。线上枇杷节“枇杷姐姐”直播带货如图 3-6 所示。

有了这波枇杷网销热的加持，枇杷的价格由原来的每千克 6 元提升到了每千克 10 元，枇杷销往全国各地，供不应求，通过线上枇杷节解决了销售难题，枇杷果农保住了收入，脱贫户没有因销售渠道匮乏而返贫，有的果的农收入甚至增加了。

脱贫大学生吴慧婷也是这波热销行情的受益者，吴慧婷接手了自家枇杷网店，加入了主播培训群，开启了微商卖果的创业之路，帮着因病行动不便的父亲卖枇杷，她的事迹上了新华社新视频频道，她激动地说：“通过免费培训我学会了直播和开网店，线上枇杷节让我家保住了收入。”

图 3-6　线上枇杷节“枇杷姐姐”直播带货

（二）“电商+”线上科技大讲坛，线上开展助农活动

云霄县电商办了解到果农缺乏种养技术的指导，迫切需要产品保鲜技术和加工技术，取得县领导支持后，开设“线上科技大讲坛”，由市、县农业农村局派出科技特派员蔡建兴、陈天佑、张玮玲、张茂盛等讲解种养技术，以新颖的方式在线为上万名果农送上技术提升攻略等丰盛的“文化套餐”。

福建省石饭头电子商务有限公司经理蔡燕红分享了如何解决荔枝在快递运输途中保持新鲜的经验，蔡燕红说：“荔枝快递保鲜是个难题，我们研究了很多年才攻克，是我们公司赚钱的独家秘籍，但通过保鲜能帮果农把产品卖得更远，我感觉很有成就。”

漳州市嘉利王食品有限公司总经理许宝海、漳州市德润康实业有限公司总经理张太顺也分别介绍了产品加工成果膏和茶饮的技术，通过线上科技大讲坛指导群众和解决实际问题，深受群众欢迎。

（三）“电商+”协会+党建，发动以购代捐

面对销售渠道匮乏情况，云霄县电商办联系县光电电商协会党支部商讨解决办法。光电

电商协会党支部发挥党员在关键时期的战斗堡垒作用，发出倡议书，引导企业弘扬社会责任，22家电商企业带头以购代捐，以12.6万元购买下河杨桃，通过邮政公司提供免费运输。云霄县党员和群众纷纷投入以购代捐的活动中，通过扫捐赠企业的二维码网上下单，带动了杨桃销售，有效地促进了果农增收。

（四）“电商+”引导企业弘扬社会责任，促进一产接二连三

云霄县电商办积极引导企业开展助力乡村振兴活动，福建省支点农业发展有限公司在云霄县电商办的促成下，积极弘扬社会责任，开展销售帮扶活动，前期由于经验不足，销售农产品亏损了很多，整个团队信心不足，总经理郑志雄压力很大，他说：“再这样我们公司撑不住了。”

云霄县电商办认为有必要把支点农业发展有限公司培育成助农企业的标杆，以此带动其他企业的参与。通过协调，云霄县电商办帮助支点农业发展有限公司将云霄县的杨桃、老金枣、百香果、青枣、果糕、罐头、淮山等消费帮扶产品整合进入省扶贫办指定的消费帮扶平台和厦门“鹭岛”，助销产品200多万元。由于云霄产品的质量有口皆碑，消费者不仅纷纷复购，还慕名到云霄旅游观光。支点农业发展有限公司既帮助了群众增收，也提高了销售额。其他公司受到鼓励，也纷纷投入战“疫”助农活动。

云霄县电商办还积极引导电商企业开展农产品网货化、标准化、品牌化工作，促进农产品出村上网，推动电商企业开展一产接二连三工作，通过引导企业弘扬社会责任，以长效机制帮助解决农产品的销路和加工难题，促进群众增收。

三、重要成效

云霄县电商办紧跟县委县政府工作部署，围绕“党建+电商”，以“战疫情、强举措、优服务”开展脱贫攻坚衔接乡村振兴工作，电商扶贫工作入选了国家乡村振兴局征集的“全国电商扶贫50佳案例”（收编于红旗出版社出版的《中国样本》）和福建人民出版社出版的《脱贫奔小康的福建经验》。

在认真总结经验的基础上，以“电商+”系列创新举措，培育长效机制带动脱贫人口和农村低收入人口增收致富，促进特色产业提质增效，推动实现巩固拓展脱贫攻坚成果同乡村振兴有效衔接，得到了人民日报、新华日报、新华社政务智库、中国商报、中央电视台、福建省电视台、福建日报、海峡导报、闽南日报、漳州市电视台、今日头条、新浪网等媒体的表扬、肯定和报道。

云霄县电商办因在云霄电商扶贫工作中发挥了重要作用，2021年5月获得了福建省委省政府授予的脱贫攻坚先进集体的荣誉称号。

云霄县电商办通过联合多个相关部门组织返乡青年、农村宝妈、电商初创团队等培训1000人次，村民通过培训变得“能说会道”，以淳朴的乡音、身临其境的种养直播，让数据成为新农资，手机成为新农具，直播成为新农活，打造了一批接地气、有特色、叫得响的农村主播人设，如“白菜GG”“昏古七”“荣少”“乌山妹”“支点阿君”等，培育了一大批会直播、

擅销售的网销新农人。乡村田野直播间新农人直播带货如图 3-7 所示。

图 3-7　乡村田野直播间新农人直播带货

大量的电商带头人和新农人把云霄县 100 多种农产品卖得风生水起，销到全国各地，确保了群众的收入，带动数千脱贫人员和农村低收入人口增收致富，巩固拓展了脱贫攻坚的成果，助力了乡村振兴。

经验启示： 电商与农业的深度融合，不仅创新了销售模式，还通过科技培训、党建引领、社会责任弘扬等多种方式，有效促进了农产品销售和农民增收。电商扶贫成为乡村振兴的有力抓手，不仅解决了农产品销路问题，还带动了相关产业的发展和人才培育，为乡村振兴注入了新动力。

知识拓展

全国农村电商发展成就、现状特点、存在问题与对策建议

2024 年 3 月，商务部等 9 部门联合印发《关于推动农村电商高质量发展的实施意见》，发展农村电商，是创新商业模式、建设农村现代流通体系的重要举措，是转变农业发展方式、带动农民增收的有效抓手，是促进农村消费、满足人民对美好生活向往的有力支撑。

一、发展成就

经历 20 多年的持续创新发展，我国已经成为世界第一大农村电子商务国，近年来农产品网络零售额增长速度较快，取得了超出预期的好成效。特别是在新冠疫情发生的时候，农村电商凭借线上化、非接触、供需快速匹配、产销高效衔接等优势，在稳产保供、复工复产和民生保障等方面的作用凸显。

农村电商成为发展农村数字经济的突破口。电子商务从流通端切入，逐步向农业产业链上游延伸，渗透到农业生产、加工、流通等环节，推进农产品在生产、组织、管理、加工、流通、储运、销售、营销、品牌、服务等环节互联网化，提升全要素生产率，节本增效，优化资源配置，促进农业全产业链数字化转型。根据商务大数据监测，2023 年，全国农村网络零售额达 2.5 万亿元，同比增长 12.9%，比 2014 年增长近 13 倍；全国农产品网络零售额达

5870.3 亿元，同比增长 12.5%，约是 2014 年的 5 倍。

二、现状特点

近年来，随着信息技术的快速发展，在国家乡村振兴战略和相关重大政策、重大项目的推动下，农村电商不断创新。新业态、新模式持续涌现，呈现出许多新特点。

农村电商市场规模不断扩大。2024 年前三季度，国内农村网络零售额同比增长 8.3%。这表明农村电商市场正处于平稳增长期，并且其市场份额持续扩大。

农产品网络零售额显著增长。2024 年前三季度，农产品网络零售额同比增长 18.3%。这表明农产品通过电商平台销售的情况良好，农民通过电商渠道销售农产品的积极性不断提高。

农村电商在促进农民增收方面发挥了重要作用。电商平台通过直播带货、线上半托管等模式创新，帮助偏远地区的农产品走出困境，吸引了大量消费者关注和购买。例如，京东农特产节精选了亿万农特产好物进行销售，淘宝农产品直播销售同比增长 33.2%1。这些措施不仅增加了农产品的销量，还提升了农民的收入水平。

农村电商的发展得到了政策支持并完善了基础设施。我国农村地区互联网普及率不断提升，行政村已全面实现“县县通 5G、村村通宽带”，物流网络也日益完善，邮政营业网点实现了乡镇全覆盖。这些基础设施的完善为农村电商的发展提供了坚实的基础。

三、存在问题

尽管农村电商发展较快，但一些问题也需引起高度重视。

专业人才缺乏。农村电商发展需要大量的专业人才，但目前专业人才缺乏是一个显著的问题。这导致农村电商在运营和管理上存在困难。

物流成本高。村镇物流布点成本高，一些物流企业不愿涉足村镇网点建设，难以满足需求。这导致农村电商的物流成本较高，影响了电商的发展。

冷链物流基础设施薄弱。冷链物流基础设施薄弱会影响农产品的保鲜和配送效率。这可能导致农产品在运输过程中损坏或变质，影响产品品质和消费者体验。

农民对电商模式的认知不足。许多农民对电商模式的认知不足，参与度不高。这限制了农村电商的市场拓展和产品多样性。

标准化不足。农产品电商行业的标准化不足，导致产品品质和规格不一，影响了消费者的购买体验和信任度。

四、对策建议

打造县域直播电商基地。升级改造县级电商公共服务中心，吸引直播电商平台和专业服务机构入驻，完善选品展示、内容制作、数据分析、直播场景等设施。

培育农村数字消费场景。综合运用 5G、人工智能、移动支付等技术，对具备条件的农村商业网点进行数字化改造，打造多种消费场景，丰富居民消费体验。

拓展农村数字便民服务。鼓励电商平台、快递企业通过供应链管理、门店升级、品牌合作等方式，改造升级农村便利店、小超市等，助力当地特色农产品上行。

提高农村物流设施现代化水平。推动县级物流配送中心、乡镇快递网点的数字化改造，完善智慧仓储、自动分拣、射频识别、新能源配送等设施，提升村级配送效率。

学习笔记

一、任务概览

本任务主要介绍了在微信平台上开设店铺的基本知识，包括前期准备、店铺搭建与管理、营销推广、挑战与对策等内容。微信作为拥有庞大用户基础的社交媒体平台，其电商功能为商家提供了一个与消费者直接互动并进行销售的渠道。

二、核心知识点

微信开店的前期准备：市场调研与目标定位、微信账号注册与认证、产品或服务准备、支付与物流准备、店铺设计与搭建、人员培训与客服准备。

微信店铺的搭建：店铺设计、商品上架、价格设置。

微信店铺的管理：订单处理、客户服务、数据分析等。

微信店铺的营销推广：利用微信平台提供的功能进行营销推广，做到制定明确的营销目标和策略，关注用户需求和购物习惯，控制推广成本，定期评估推广效果。

三、学习感悟

通过本任务，我们能够深刻感受到微信开店的便捷性和潜力。微信拥有的庞大用户基础，使商家开店的门槛和运营成本得以降低。

拓展练习

一、选择题

1．微信开店的优势不包括（　　）。

A．用户基数大　　B．社交属性弱

C．流量获取相对容易　　D．提供新的机遇

2．在微信开店的前期准备中，不需要注意的是（　　）。

A．提交的信息必须真实有效

B．熟悉微信平台的操作规则和政策

C．积极与微信平台的客服人员沟通联系

D．避免违规操作导致店铺被封禁

3．微信店铺管理不包括（　　）方面。

A．订单处理　　B．数据分析
C．财务管理　　D．客户服务

4．微信店铺的营销推广方式不包括（　　）。

A．朋友圈分享　　B．微信公众号推广
C．电视广告　　D．微信小程序推广

5．微信开店需要不断提升（　　），以赢得用户。

A．服务质量　　B．店铺面积
C．营销费用　　D．广告投入

二、填空题

1．在微信开店的前期准备中，商家需要进行__________和__________，以便更好地定位店铺和选择商品。

2．在微信开店的过程中，__________是店铺长久发展的基石。

3．微信平台提供了多种营销推广方式，如朋友圈分享、微信公众号推广和________等。

4．微信店铺的管理主要包括订单处理、客户服务和__________等方面。

5．微信开店涉及诸多法律法规和平台规则，如__________和电子商务法等。

三、简答题

1．简述微信开店前期准备过程中需要注意的事项。

2．列举微信平台提供的几种营销推广方式。

3．在微信开店的过程中，为什么需要不断提升店铺的服务质量和商品品质？

4．简述微信店铺管理主要包括哪些方面？

5．在学习专栏中，为什么需要强化学生的家国情怀和使命担当？

模块考核评价

一、考核评价目标

本模块考核评价主要评估学生在以下方面的能力。

平台选择与比较能力：根据农产品特点和目标市场，选择合适的电商平台进行网店搭建，并对不同平台的特点和优劣势进行比较分析。

网店规划与设计能力：根据市场需求和品牌定位，对网店进行整体规划，包括店铺名称、LOGO、页面布局、产品分类等。

商品上架与管理能力：熟练掌握商品上架流程，包括商品信息录入、图片处理、价格设置等，并对商品进行有效管理，确保商品信息的准确性和更新的及时性。

营销与推广能力：运用电商平台提供的营销工具，设计并实施有效的推广活动，提高网店曝光率和流量。

二、考核评价标准

平台选择的合理性和分析的深度：评估学生选择的电商平台是否适合农产品销售，以及他们对不同平台特点和优劣势的分析是否深入。

网店规划与设计的创意性和实用性：评估学生的网店规划是否具有创意性和实用性，以及能否吸引消费者关注并提升购物体验。

商品上架与管理的准确性和效率：评估学生商品上架流程的熟练程度及商品信息管理的准确性和效率。

营销推广活动的有效性和创新性：评估学生设计的营销推广活动是否使网店曝光率和流量有效提升，以及评估营销推广活动是否具有创新性。

三、考核评价方法

平台选择与比较分析报告：要求学生提交一份关于电商平台选择与比较的分析报告，包括选择理由、平台特点和优劣势分析等。

网店规划与设计方案：要求学生设计一份针对所选农产品的网店规划与设计方案，包括店铺名称、LOGO、页面布局、产品分类等，并提交相关的设计稿件。

商品上架与管理实操：学生实际体验商品上架流程，包括商品信息录入、图片处理、价格设置等，并对商品进行有效管理。教师可以根据实操情况进行评价。

营销与推广活动策划书：要求学生策划一场营销活动或推广活动，并提交活动策划书。活动策划书应包括活动目标、活动内容、实施步骤和预期效果等。

四、考核评价结果反馈

个人反馈：针对学生各项任务的完成情况，提供具体的反馈意见和改进建议，应特别关注学生在实际操作过程中遇到的问题和困难，给予指导和帮助。

整体反馈：对整个班级的考核评价结果进行汇总和分析，总结学生在农村电子商务网店搭建方面的普遍问题和优秀经验。针对普遍问题，教师可以在课堂上进行集中讲解和示范操作；针对优秀经验，学生之间可以进行分享和交流，促进班级内部的互相学习。

优秀案例展示：将优秀的学生作品进行展示和分享，包括平台选择与比较分析报告、网店规划与设计方案、商品上架与管理实操及营销推广活动策划书等。通过展示优秀案例，激励其他学生学习和借鉴优秀经验，提升学生整体的农村电子商务网店搭建能力。

模块四

农村电子商务新媒体运营

模块导读

随着信息技术的迅猛发展，新媒体已成为现代社会信息传播的重要渠道。在农村电子商务领域，新媒体运营同样扮演着举足轻重的角色。它不仅能够拓宽农产品的销售渠道，提升品牌影响力，还能够加强与消费者之间的互动，为农村电子商务注入新的活力。本模块将带领大家深入探索农村电子商务新媒体运营的奥秘，揭示其背后的巨大潜力与价值。

农村电子商务新媒体运营的核心在于通过社交媒体、短视频平台、直播带货等新媒体渠道，将农产品与消费者连接起来。在这个过程中，我们需要深入理解新媒体平台的内容传播规律，掌握消费者的信息接收习惯，以及农产品在新媒体环境中的展示与销售技巧。通过精准定位目标受众，精心策划营销内容，我们能够打破传统销售模式的局限，为农产品开辟更广阔的市场空间。

农村电子商务新媒体运营是一个充满挑战与机遇的领域。在这个领域中，我们需要不断学习新知识、掌握新技能，以适应快速变化的市场环境。

本模块旨在为读者提供一个全面的农村电子商务新媒体运营概览。我们将详细阐述新媒体运营的策略规划、内容创作、平台选择、用户互动及数据分析等关键环节的具体操作方法和实施步骤。通过学习和实践，读者将能够掌握农村电子商务新媒体运营的核心技能和知识，为农村电子商务的繁荣发展贡献自己的力量。

学习目标

知识目标

1. 掌握农村电子商务新媒体运营的基本概念、发展趋势和作用。
2. 了解新媒体平台的特点、用户构成及内容传播规律。

3. 学习农产品在新媒体平台上的营销策略和推广方法。
4. 认识新媒体数据分析的重要性，了解基本的数据分析工具及其使用方法。

技能目标

1. 运用新媒体平台进行农产品营销，包括内容创意、平台运营和用户互动等。
2. 学会使用新媒体工具进行农产品信息发布、活动推广和客户服务。
3. 熟练掌握新媒体数据分析技能，能够运用数据指导营销策略的优化。
4. 培养团队协作和沟通能力，能够与团队成员有效合作，共同完成新媒体运营任务。

素养目标

1. 加强对农村电子商务新媒体运营的认识，提高重视程度，增强从事相关工作的责任感和使命感。
2. 培养创新思维和开放视野，能够在新媒体运营中不断尝试新方法、新思路。
3. 树立诚信经营和优质服务的理念，注重维护农产品品牌和新媒体平台的声誉。
4. 培养持续学习和自我提升的习惯，关注行业动态和技术创新，不断提升专业素养。
5. 增强网络安全意识，遵守相关法律法规，确保新媒体运营活动的合规性。

引导案例

绿野乡味道——新媒体助力农产品销售

在遥远的南方山县，有一个名为“绿野乡”的小村庄。这里山清水秀，农产品丰富，但受制于地理位置和销售渠道，优质农产品往往难以走出大山被更多人知晓。

为了改变这一状况，村里的年轻人小李，决定借助新媒体的力量，为家乡农产品打开一扇通往外界的窗。他首先注册了微博和抖音账号，并取名“绿野乡味道”。

小李每天都会更新微博，分享农产品的种植、采摘过程，以及他亲手烹饪的农家美食。他还利用抖音进行直播，实时展示农产品的生长环境，让消费者更直观地了解产品的品质。

为了增加互动性，小李还定期举办“绿野乡农产品大抽奖”活动，吸引网友参与，提高账号的曝光率。随着活动的深入，越来越多的网友开始关注“绿野乡味道”，并纷纷下单购买农产品。

短短几个月的时间，“绿野乡味道”的微博粉丝数就突破了 10 万，抖音直播间的观看人数也屡创新高。在电商平台的助力下，绿野乡的农产品开始销往全国各地，村民收入也大幅增加。

小李的成功案例，为农村电子商务新媒体运营提供了珍贵的经验。他以实际行动证明了新媒体的力量，并为更多农村地区的电商发展树立了典范。

知识学习

任务一 微信公众号运营

随着移动互联网的普及和微信的广泛应用，微信公众号已成为众多企业和个人进行品牌推广、营销互动的重要平台。对于农村电子商务而言，微信公众号的运营同样有着重要的意义。本任务将详细探讨在农村电子商务中，微信公众号运营的关键要素、策略方法及面临的挑战与机遇。微信公众号运营如图 4-1 所示。

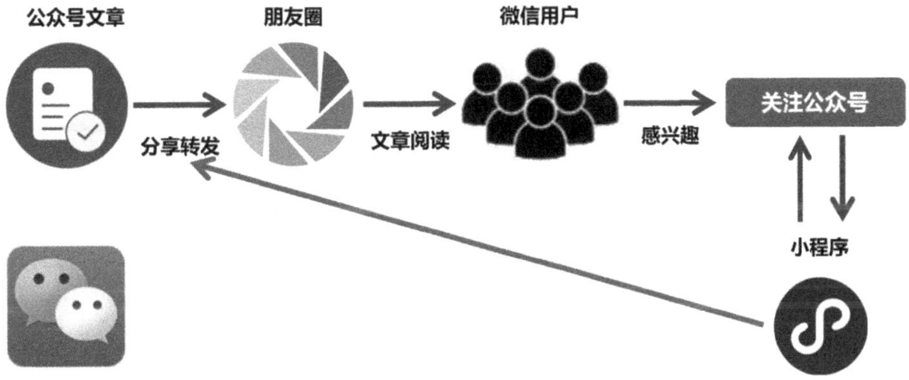

图 4-1 微信公众号运营

一、微信公众号运营的关键要素

农村电子商务的崛起，使微信公众号成为连接农户、农业企业与消费者之间的重要桥梁。运营一个成功的微信公众号，对于推动农产品销售、传播农业知识、提升品牌形象具有不可估量的价值。

微信公众号运营的关键要素包括明确定位与目标受众、优质内容创作、互动与粉丝维护、数据分析与优化、推广与品牌建设以及持续学习与创新。

（一）明确定位与目标受众

运营微信公众号之前，首先要明确公众号的定位和目标受众。对于农村电子商务而言，微信公众号定位可以是“提供新鲜、健康、优质的农产品”，目标受众可以是关注健康饮食、追求生活品质的城市居民。

（二）优质内容创作

内容是微信公众号的核心。运营者需要定期发布与定位相符的优质内容，如农产品介绍、种植技术分享、健康饮食建议等。内容要具有原创性、实用性和趣味性，以吸引用户阅读和分享。

（三）互动与粉丝维护

微信公众号的互动功能为运营者与用户之间建立了沟通的桥梁。运营者需要积极回应用户的留言和评论，解答他们的疑问，收集反馈意见。

（四）数据分析与优化

运营微信公众号需要持续关注数据变化，包括粉丝增长、阅读量、点赞量、转发量等。通过数据分析，可以了解用户的喜好和行为习惯，从而调整内容策略、优化发布时间等。

（五）推广与品牌建设

除了内容创作和粉丝维护，推广也是微信公众号运营的重要环节。运营者可以利用微信的社交属性，通过朋友圈分享、微信群传播等方式扩大微信公众号的影响力。

（六）持续学习与创新

微信公众号运营是一个不断变化的过程。随着微信平台的更新和用户需求的变化，运营者需要持续学习新知识、掌握新技能。

二、微信公众号运营的策略方法

微信公众号已成为农村电子商务的重要推广渠道。通过微信公众号，运营者可以将产品信息、促销信息等内容直接推送给关注者，实现精准营销。然而，微信公众号运营并非易事，需要掌握一定的策略方法。

微信公众号运营的策略方法包括内容策略、用户策略、推广策略、数据策略和创新策略。

（一）内容策略：打造有价值的信息源

优质的内容能够吸引用户的关注并促使他们主动分享。在运营微信公众号时，应注重内容的质量和多样性。具体来说，可以发布与农产品相关的种植技术、健康饮食知识、行业动态等内容，为用户提供有价值的信息。

（二）用户策略：精准定位与互动沟通

了解目标用户是微信公众号运营的关键。应对目标用户进行深入分析，包括他们的年龄、性别、兴趣爱好、消费习惯等方面。通过精准定位，可以推送更符合用户需求的内容，提高阅读率和转化率。

（三）推广策略：多渠道推广与合作共赢

除通过优质内容吸引和留住用户外，有效的推广策略同样不可或缺。为了最大化微信公众号的影响力，可以充分利用微信平台的社交属性，进行多渠道推广。例如，鼓励用户在朋友圈分享有趣或有价值的内容，利用微信群进行信息传播，以及与其他微信公众号或品牌合作，实现资源共享和互利共赢。

（四）数据策略：数据驱动运营决策

数据是微信公众号运营的重要依据。运营者应定期分析微信公众号的运营数据，在此基础上调整内容、优化发布时间等。

（五）创新策略：持续创新提升竞争力

微信平台的更新和用户需求的变化，使农村电子商务需要持续创新提升竞争力。具体来说，可以尝试新的内容形式，如视频、音频等；开发新的互动功能，如投票、问答等；探索新的推广方式，如社交媒体广告等。

三、微信公众号运营面临的挑战与机遇

随着移动互联网的迅猛发展，微信公众号作为连接企业与用户的重要桥梁，在农村电子商务领域扮演着越来越重要的角色。然而，正如任何事物都有其两面性一样，微信公众号运营也面临着诸多挑战与机遇。农村电子商务从业者需要正视这些挑战，抓住机遇，积极探寻微信公众号运营的新路径。

（一）面临的挑战

内容创作方面：在微信公众号运营中，内容始终是吸引用户的核心。随着信息爆炸时代的到来，用户对内容的要求越来越高。在运营微信公众号时，运营者需要不断挖掘和整合有价值的内容资源，创作出既符合用户需求又具有独特魅力的内容。

用户黏性方面：用户黏性是衡量微信公众号运营效果的重要指标之一。然而，在农村电子商务领域，提高用户黏性并非易事。运营者需要通过精准的用户定位、优质的内容输出和丰富的互动活动等方式，不断增强用户的归属感和忠诚度。

竞争程度方面：随着微信公众号数量的不断增加，竞争日趋激烈。在运营微信公众号时，我们需要面对来自同行业的竞争压力。如何在众多微信公众号中脱颖而出，吸引更多用户的关注，成为运营者需要解决的一大难题。这要求运营者具备敏锐的市场洞察力和创新能力，不断调整和优化运营策略。

（二）面临的机遇

政策支持方面：近年来，国家大力扶持农村电子商务，推出了一系列优惠政策并设立了专项资金。这些措施为农村电子商务通过微信公众号运营创造了宝贵的机遇。

市场需求方面：随着城乡居民消费水平的提高，对优质农产品的需求持续增长。这为通过微信公众号拓展市场提供了广阔的空间。运营者可以根据市场需求，推广具有地方特色的农产品，并通过微信公众号进行宣传，实现线上线下融合发展。

技术创新方面：移动互联网技术的不断进步，使微信公众号的功能和表现形式更加多样化，这为农村电子商务微信公众号运营带来了更多的可能性。运营者可以利用新的技术手段，打造独具特色的公众号平台，提升用户体验和互动性。

案例链接

农村电子商务让乡村生活更美好——打造“遂昌模式”

近年来，遂昌县立足良好的生态环境、传统的农耕文化和开放的社会环境，创新推出了

“电子商务综合服务商+网商+特色产业”的发展新模式，创造了以原生态农产品为主，竹炭制品、旅游服务、服装销售等为辅的县域农村电子商务发展“遂昌模式”。截至目前，以赶街为代表的农村电子商务“遂昌模式”已推广至全国多省数十县，建立了农村电子商务服务网点1万多个，服务覆盖数千万人，全县从事农村电子商务产业的人员超过1万人。在淘宝、天猫、京东、亚马逊等PC或移动端平台上注册登记的网店达数千家。

全县推动外贸企业开展跨境电商业务，培育电子商务专业村、淘宝村，进行各类相关培训。遂昌县先后获得全球最佳网商城镇奖、中国电子商务发展百佳县、全国农村电子商务强县创建先行县、全省首批电子商务示范县等荣誉。2019年，遂昌—通江东西部扶贫协作案例被国家乡村振兴局编入《全国东西部扶贫协作培训班案例选编》。2023年，遂昌县实现网络零售额30.6亿元，近5年网络零售额年均增速达28.3%。

经验启示：“遂昌模式”展示了农村电子商务的巨大潜力，通过创新的商业模式和资源整合，成功将农产品与电商平台紧密结合，带动了乡村经济发展。政府的支持、当地的生态优势与人才培训共同促进了电商产业的繁荣，为全国农村电子商务的发展提供了宝贵经验。这一模式不仅增加了农民的收入，还促进了农村就业与产业升级，是实现乡村振兴的有效途径。

知识拓展

新电商平台深耕农村市场 推动农产品上行主流化发展

在青藏高原腹地，一位青年商家通过销售藜麦年收入超过千万元，并在新电商平台上推出了一款潜力巨大的新产品——杂粮青稞；在四川大凉山，一家拼多多店铺每年销售盐源苹果达7500吨，也加入了新电商平台的“双11”促销活动…… 在我国农村电子商务领域，一批新农人、新业态、新模式持续涌现，推动农产品上行主流化发展。

瞭望智库认为，农村电子商务的发展不仅是一场重配农业生产要素的革命，也是乡村振兴背景下实现国家现代化的一个重要历史机遇。在坚持扩大内需、提振消费的新发展格局下，农村电子商务在此背景下也迎来了重大历史机遇。

以拼多多为代表的新电商平台近年来不断深耕农村市场，推动农产品上行主流化发展，并在生产端“最初一千米”给偏远地区带去新思路、新逻辑，助力重塑农产品价值供应链。在乡村振兴背景下，自2021年以来，农产品线上销售呈现出明显的“品牌化+平台化”趋势，农业科技、人工智能等技术正在加速推进农村电子商务的数字化发展。

一、新农人、新业态涌现，“品牌化+平台化”趋势明显

相较于其他行业，农业是“真正的星辰大海。”近年来，国家及地方政府从政策层面上大力支持农村电子商务的发展，以促进从脱贫攻坚到乡村振兴的顺利过渡。

拼多多等电商平台持续助力农产品上行，支持各地立足资源优势打造各具特色的农业全产业带，建立健全农民分享产业链增值收益机制，形成有竞争力的产业集群，推动农村一、

二、三产业融合发展成为推动区域经济高质量发展的新动能之一。

例如，在四川大凉山深处，盐源苹果——这个“离太阳最近，离城市最远”的国家地理标志产品，已借助电商平台发展成亿级产业。自2015年以来，短短几年时间，盐源苹果的线上销售占比大幅跃升，从养在大山里的“丑苹果”，逐渐成为全国消费者熟知的“网红苹果”。2020年，盐源苹果在拼多多的“苹果畅销榜”上排名第一，超越了其他产区的苹果。在2024年召开的苹果高质量发展座谈会上，盐源县委、县政府明确提出将进一步畅通“线上＋线下”销售渠道，增加农民收入。

为了进一步助力苹果丰产丰收和品牌建设，2021年10月，拼多多联合四川、山西、陕西、山东、甘肃、新疆六大国内苹果产业带，开启了苹果“双11”促销活动，投入百亿补贴等资源，通过“农地云拼”模式帮助产地精准对接用户，促进了我国苹果产地品牌的成长，以及多家年销额超过1亿元的本土年轻苹果企业的高速发展。

经过多年的努力，拼多多在农产品上行方面的实践取得了显著的成效。平台上每天有数千万订单来自农村地区，每年新增的农产品市场规模超过了千亿级别，为乡村创造了大量的就业岗位，推动了产业的发展。以新电商平台为代表的“最初一千米”战略推动了农业生产要素的重构，打破了农产品规模化生产的限制，为农产品品牌化打下了坚实的基础。

二、农业科技持续赋能农村电子商务，推进农产品上行

我国的现代化离不开农业农村的现代化。随着科学技术的进步，各大电商平台正积极将农业科技、人工智能融入农村电子商务的发展中，持续推进农产品上行，助力乡村振兴。在农村电子商务发展的初始阶段，以淘宝、京东为代表的传统电商平台依靠工业品下乡助力乡村发展；现在，以拼多多为代表的新电商平台则通过变革农产品供应链、推进农产品上行找到了破解困局的密码。

拼多多基于开拓性的分布式人工智能“农地云拼”体系带动农产品大规模上行，使偏远地区的农产品突破了传统流通模式的限制，直联全国市场，延长了农产品的价值链。

在新疆维吾尔自治区阿拉尔市，一位拥有海外硕士学位的新疆姑娘赵闫，毅然放弃了澳大利亚的永久居民签证，回到生活了十几年的家乡，专注于新疆红枣的种植、加工和销售。仅仅用了3年，她就成长为拼多多的头部商家之一，年销红枣达3000万元，带领当地合作社村民一起致富。

在青海省海西蒙古族藏族自治州，青年创业者冯常俊创造了一个边远地区农产品电商的成功案例。2021年初，他销售的高原藜麦单品获得了拼多多杂粮类目销量冠军，成为格尔木市最大的电商商家。在当地一间民房，冯常俊每天要向全国各地发出2000个藜麦包裹，全年累计销售藜麦超过千万元，后来，冯常俊开发的青稞等特产新品也显示出了强劲的市场潜力。

随着数字化技术赋能农业农村，数字科技农业正在引领农村电子商务发展的新潮流。近年来，我国农业科研机构与电商平台开展深度合作，利用双方的科研实力、资金优势和用户规模，加速科研成果向农业规模化生产的转化，促进信息技术与农业农村的深度融合，为乡

村经济振兴提供了强有力的支撑。

作为国内领先的农产品上行平台，拼多多于2021年设立了“百亿农研”专项，旨在针对农业及乡村的重大需求进行研究，不追求商业利益，而是致力于推动农业科技的进步和普及。2024年，拼多多开展第四届“多多农研科技大赛”，联合顶级院校的农业科研团队，在前沿的种植科学、精准农业等技术上展开攻坚。

2021年，拼多多公布了一项有关“农产品种植方法、装置、系统、设备及存储介质”的发明专利，这一发明可实现温室种植设备的自动化控制，从而提升作物的种植效果和效率。

在乡村振兴战略的背景下，新农人、新业态不断涌现，农产品线上“品牌化+平台化”趋势明显，农业科技、人工智能等正在持续推动农村的数字化发展，农村电子商务发展态势向好并成为数字经济的重要组成部分，为乡村振兴提供了新动力、新载体。

学习笔记

一、任务概览

本任务详细介绍了微信公众号在农村电子商务中的应用与运营策略。通过学习，我们可深入了解了微信公众号运营的关键要素、策略方法及面临的机遇与挑战。

二、核心知识点

（一）微信公众号运营的关键要素

微信公众号运营的关键要素包括明确定位与目标受众、优质内容创作、互动与粉丝维护、数据分析与优化、推广与品牌建设以及持续学习与创新。

（二）微信公众号运营的策略方法

（1）内容策略：打造有价值的信息源。

（2）用户策略：精准定位与互动沟通。

（3）推广策略：多渠道推广与合作共赢。

（4）数据策略：数据驱动运营决策。

（5）创新策略：持续创新提升竞争力。

（二）微信公众号运营面临的机遇与挑战

微信公众号在连接企业与用户方面发挥着不可忽视的作用，在运营微信公众号时，面临内容创作、用户黏性、竞争程度方面的挑战，同时也存在政策支持、市场需求、技术创新方面的机遇。

三、学习感悟

通过本任务，我们能深刻认识到微信公众号在农村电子商务中的重要作用。它不仅是宣传平台，更是连接农户与消费者的桥梁。通过精心策划和运营，微信公众号可以帮助农产品走出大山，走向更广阔的市场。

在运营微信公众号的过程中，我们要始终保持对用户的尊重与敬畏。只有真正站在用户的角度思考问题，才能精准地提供符合他们需求的内容和服务。这样做不仅能够赢得用户的信任和支持，还能为实现农村电子商务的可持续发展奠定坚实的基础。

拓展练习

一、选择题

1. 在农村电子商务微信公众号运营中，（　　）不是关键要素。

A．明确定位与目标受众　　B．劣质内容创作

C．互动与粉丝维护　　D．数据分析与优化

2. 在微信公众号运营中，（　　）数据可以用来评估用户的喜好。

A．粉丝年龄　　B．阅读量

C．公众号名称　　D．运营者学历

3. （　　）不是微信公众号运营的策略。

A．内容策略　　B．用户策略

C．价格策略　　D．推广策略

4. 微信公众号运营面临的一大挑战是（　　）。

A．用户黏性高　　B．政策支持多

C．内容创作难　　D．运营成本低

5. 在农村电子商务微信公众号运营中，通过（　　）来提升用户体验。

A．降低产品质量　　B．减少互动活动

C．利用新技术手段　　D．提高价格

二、填空题

1. 在微信公众号运营中，需要明确__________与目标受众。
2. 在微信公众号运营中，__________是核心。
3. 在微信公众号运营中，提高__________是运营的重要目标之一。
4. 微信公众号运营面临的机遇中，技术创新为运营者提供了更多的________和可能性。
5. 在微信公众号运营中，运营者需要定期分析__________以评估运营效果。

三、简答题

1. 微信公众号运营的关键要素有哪些？

2. 在微信公众号运营中，如何打造有价值的信息源？

3. 如何提高微信公众号运营中的用户黏性？

4. 微信公众号运营面临哪些挑战？

5. 微信公众号运营如何利用政策支持拓展市场？

知识学习

任务二　短视频运营

短视频在电商领域的重要性日益凸显。随着移动互联网的普及和网速的提升，短视频已经成为一种非常受欢迎的内容形式。首先，相较于传统的文字、图片描述，短视频可以让消费者更加清晰地了解产品的外观、功能、使用方法等，从而提升消费者的购买意愿。其次，短视频可以增强消费者与品牌之间的互动和信任。最后，短视频还可以为电商平台带来流量和销售增长。短视频 APP 如图 4-2 所示。

图 4-2　短视频 APP

一、短视频平台概述

（一）主流短视频平台介绍

抖音：抖音是一款广受欢迎的短视频平台，以高度个性化的内容推荐算法和丰富的互动功能而知名。

快手：快手也是一款广受欢迎的短视频平台，以内容的多样性和贴近生活的特色而著称。

其他：市场上还存在微视、火山小视频等短视频平台，它们各具特色，但整体上占市场份额较小。

（二）平台特点与用户群体分析

1. 抖音

特点：推荐算法高度精准，能够根据用户的兴趣和行为习惯推送相应的内容；互动性强，具有点赞、评论、分享等多种互动功能；注重内容的创意性和新颖性。

用户群体：以年轻人为主，尤其是“90后”和“00后”；城市用户占比较高，但农村用户增长迅速；用户兴趣广泛，涵盖娱乐、美食、旅行、购物等多个方面。

2．快手

特点：强调内容的多样性和真实性，既有高质量的专业内容，也有贴近生活的民间创作；拥有庞大的用户基础，用户活跃度高。

用户群体：覆盖广泛的年龄层，从青少年到中老年都有涉及；农村用户占比较高，对农产品和农村文化有浓厚的兴趣；用户黏性较强，对平台有较高的忠诚度。

不同的短视频平台在用户群体、内容定位和平台特点上存在差异。农村电子商务从业者可以根据自身产品的特点和目标受众选择合适的平台进行运营和推广。例如，针对追求创意的城市年轻用户，抖音是理想的推广平台；而对于更广泛的农村用户群体，快手可能是一个更好的选择。通过深入了解这些平台的特点和用户群体，可以更好地制定农村电子商务短视频运营策略，提升产品推广效果和销售业绩。

二、短视频与农村电子商务结合的潜力和意义

短视频与农村电子商务的结合，不仅是对当前市场趋势的敏锐洞察，更是对农村经济发展新路径的积极探索。作为一种新兴的内容传播形式，短视频与农村电子商务的结合具有巨大的潜力和深远的意义。

（一）潜力

直观展示与真实体验：短视频能够直观地展示农产品的生长环境、采摘过程及其独特之处，为消费者提供直观、可信的视觉信息，增强其购买意愿。

快速传播与广泛覆盖：凭借庞大的用户基础和高效的传播机制，短视频平台可以迅速将产品信息传递给广大潜在消费者，实现广泛的市场覆盖。

品牌塑造与文化传承：通过精心策划的短视频内容，农村电子商务不仅可以有效塑造独特的品牌形象，还能传播当地的文化，增强产品的文化附加值。

（二）意义

促进农产品上行：短视频为农产品开辟了新的销售渠道，使更多优质的农产品能够直达城市市场，满足消费者日益多样化的需求。

助力乡村振兴：通过短视频的传播和推广，可以吸引更多人关注农村地区，推动乡村旅游、文化传承等产业的发展，为乡村振兴注入新的活力。

提升农民收入：短视频与农村电子商务的结合为农民提供了一个直接面向消费者的平台，减少了中间环节，从而显著增加了农民的收入。

推动农村电子商务产业升级：短视频的融入使农村电子商务产业更加多元化，促进了产业的升级和转型，为农村电子商务的可持续发展奠定了基础。

短视频与农村电子商务结合不仅能够促进农产品销售，助力乡村振兴，还能提升农民的

收入，推动农村电子商务产业的升级和发展。因此，积极探索和实践短视频与农村电子商务的结合模式，对于推动农村经济的发展具有重要而深远的现实意义。

三、短视频内容策划与制作

短视频内容的质量直接关系到观众的观看体验，进而影响产品的营销效果。因此，掌握短视频内容策划与制作的技巧至关重要。

（一）内容定位

内容定位是短视频策划的首要任务，它决定了短视频的整体风格和受众群体。在农村电子商务领域，短视频的内容定位紧密围绕农产品和农村文化展开，展现农村生活的真实面貌和农产品的独特魅力。精准的内容定位可以帮助短视频吸引目标受众的关注，提高视频的点击率和观看率。

具体来说，农村电子商务短视频的内容定位可以从以下几个方面入手。

农产品展示：重点展示农产品的生长环境、采摘过程、特点等，让观众了解农产品的品质和优势。例如，拍摄果园实景，展示水果的挂果情况和成熟度，让观众直观感受到水果的新鲜和美味。

农村生活体验：通过展示农村自然风光、田园生活、民俗风情等，激发观众对农村生活的向往。例如，拍摄日出日落、田园风光、农民劳作等场景，传达农村的宁静和美好。

农户故事分享：讲述农户的种植故事、创业经历等，传递正能量和励志精神。例如，采访成功的种植户或创业农民，分享他们的成功经验和心路历程，激励更多人投身农村电子商务事业。农户故事拍摄如图 4-3 所示。

图 4-3　农户故事拍摄

（二）主题选择

主题选择是短视频内容策划的核心环节，它决定了视频的主题方向和表现形式。农村电子商务短视频的主题应紧扣内容定位。

季节性主题：根据农产品的生长周期和季节特点策划主题。例如，春季推出“春耕播种”主题，展示农民辛勤耕耘的场景；秋季推出“丰收季节”主题，展示硕果累累的景象。

节日性主题：结合传统节日或特定节日策划主题。例如，中秋节推出“月圆人团圆”主题，展示农村家庭团聚的场景；春节推出“辞旧迎新”主题，展示农村过年的习俗和热闹氛围。

活动性主题：围绕电商平台的促销活动或线下活动策划主题。例如，“双十一”购物节推出“疯狂抢购”主题，展示优惠活动和购物场景；农产品展览会可以推出“品质展示”主题，突出优质农产品的风采。

（三）制作技巧

制作技巧是提升短视频的观看感受和传播效果的关键。以下是一些值得参考的制作技巧。

拍摄技巧：使用稳定的拍摄设备确保画面的清晰和稳定；采用不同的拍摄角度和景别展现农产品的细节；运用合适的光线和色彩搭配营造温馨、自然的氛围。

剪辑技巧：利用剪辑软件去除冗余部分，保留精彩瞬间；添加适当的转场效果和背景音乐，增强视频的连贯性和节奏感；添加字幕和解说词，方便观众理解和接受信息。

配乐技巧：选择与视频主题相匹配的背景音乐或音效，增强视频的氛围感和感染力。例如，在展示农村自然风光时选择轻柔舒缓的音乐；在讲述农户故事时选择感人肺腑的旋律。

四、短视频运营策略制定

短视频已成为农村电子商务领域的重要营销手段。为了充分发挥短视频在农村电子商务中的作用，制定一套科学、有效的短视频运营策略至关重要。在制定短视频运营策略时，需要考虑如下方面。

（一）目标设定

明确目标是制定有效运营策略的基础。农村电子商务短视频运营的目标通常包括提升品牌知名度、促进产品销售、拓展客户群体等。根据目标的不同，运营策略也会有所侧重。例如，以提升品牌知名度为目标时，注重短视频的创意性和传播性；以促进产品销售为目标时，强调产品的特点和优势，结合促销活动进行推广。

（二）内容创意

内容是短视频的核心，创意是吸引观众的关键。农村电子商务短视频在内容创意上应重视以下几点。

紧扣主题：应展现农产品的独特魅力和农村生活的真实面貌，如拍摄农产品的生长环境、采摘过程、加工制作等环节，突出农产品的品质和特色。

创新形式：尝试不同的拍摄手法和剪辑技巧，如航拍、慢动作、快节奏等，打造新颖、有趣的视觉效果。

精准定位：针对不同受众群体的兴趣爱好和需求特点，制作符合他们要求的短视频内容。例如，针对年轻人群体可以推出时尚、有趣的短视频；针对中老年人群体可以推出实用、易懂的短视频。

（三）用户互动

用户互动是提升短视频传播效果和促进销售的重要手段。有效的用户互动策略如下。

发起话题挑战：结合时事热点或节日活动，发起与农村电子商务相关的话题挑战，鼓励用户参与并分享自己的短视频作品。这样可以扩大短视频的传播范围，提高品牌曝光度。

互动评论：积极回应用户的评论和反馈，与用户建立良好的互动关系。例如，对用户提出的问题进行解答，或者根据用户的建议改进短视频内容，以提升用户的满意度。

举办活动：定期举办线上或线下的促销、抽奖等活动，设置奖品或优惠券，激发用户的参与热情和购买欲望。

（四）数据分析与优化

数据分析是优化短视频运营策略的重要依据。通过对短视频的观看量、点赞量、评论量等指标进行分析，可以了解观众的兴趣和需求，为后续的短视频制作和推广提供参考。

在数据分析的基础上，对短视频运营策略进行调整。例如，根据点赞量和评论量调整短视频的内容和形式；根据观看量的变化趋势调整发布时间和频率；根据销售数据调整促销活动和奖励机制等。

（五）合作与联动

在农村电子商务短视频运营中，与其他平台或机构进行合作与联动也是提升影响力的有效策略。通过与其他短视频平台、社交媒体平台或农业机构等进行合作，可以实现资源共享和互利共赢。

例如，在与知名短视频平台合作时，可以共同推广农村电子商务短视频，扩大受众覆盖面；在与社交媒体平台合作时，可以实现短视频的跨平台传播，增强品牌曝光；在与农业机构合作时，可以联合开展农产品推广活动等，提升品牌知名度和市场竞争力。

综上所述，农村电子商务短视频运营策略包括目标设定、内容创意、用户互动、数据分析与优化、合作与联动等方面。通过制定科学、有效的运营策略，可以充分发挥短视频在农村电子商务运营中的作用，实现品牌知名度提升、产品销售额增长、客户群体拓展等目标。

五、短视频与农村电子商务的结合

发展农村电子商务已成为推动农村经济发展、助力农民增收的重要途径。而短视频作为一种新兴的内容传播方式，以其直观、生动的特点迅速获得了广大用户的青睐。短视频与农村电子商务的结合，为农产品打开了新的销售渠道，也为农村电子商务注入了新的活力。

（一）短视频与农村电子商务结合的好处

提升农产品知名度：通过短视频，农产品可以迅速触及更广泛的受众群体，提高品牌曝光度和知名度。

拓展销售渠道：短视频平台不仅可以展示农产品的生长、加工过程，还可以直接链接购买页面，实现“边看边买”的购物体验，拓展了农产品的销售渠道。

增强消费者信任：通过短视频展示农产品的真实生长环境和加工过程，可以增强消费者对产品的信任感，提升购买意愿。

传承农村文化：短视频为农村文化的传承和发展提供了新载体，通过展示农村风光、民俗风情等内容来吸引人们对农村文化的关注。

（二）短视频与农村电子商务结合的现状

目前，越来越多的农村电子商务从业者开始尝试与短视频平台合作，展示和销售农产品。知名短视频平台，如抖音、快手等，也纷纷推出了针对农村电子商务的扶持政策和专项活动，鼓励更多的农户和商家入驻。

然而，短视频与农村电子商务的结合仍处于初级阶段，还面临一些挑战。例如，部分农户和商家缺乏短视频制作和运营的经验，导致视频质量不高，影响传播效果；一些地区的网络基础设施和物流配送体系尚不完善，制约了短视频电商的发展等。

（三）短视频与农村电子商务结合的策略

为了更好地发挥短视频在农村电子商务中的作用，可以采取以下策略。

提升短视频制作水平：农户或商家需要加强对短视频制作技巧的学习和培训，邀请专业人士进行指导或参考成功案例，以提高视频质量和观赏性。。

精准定位目标受众：在制作短视频时，需要明确目标受众，以制作受欢迎的短视频。

强化互动与社交属性：在短视频平台上，用户之间的互动是非常重要的。农户或商家需要积极回应用户评论和反馈，与用户建立良好的互动关系。例如，发起话题讨论、举办线上活动等，以增强用户参与感和黏性。

优化物流配送体系：政府和企业需要加大投入力度，建设基础设施和物流配送网络，解决部分地区物流配送体系不完善的问题。

加大政策扶持和监管力度：政府需要出台更多的扶持政策，支持农村电子商务与短视频的结合发展，同时加强市场监管，保障消费者权益。

（四）短视频与农村电子商务结合的未来趋势

展望未来，短视频与农村电子商务结合有以下趋势。

个性化与定制化趋势明显：随着消费者个性化需求的不断增长，未来短视频与农村电子商务结合将更加注重提供个性化和定制化服务。农户或商家可以根据消费者的需求和喜好，推出专属的农产品和短视频内容，提升消费者的购物体验。

智能化与数字化技术应用广泛：人工智能、大数据等技术的应用将进一步提升短视频与农村电子商务结合的效果。通过对用户数据的深度挖掘和分析，可以实现更精准的营销推广和个性化服务；通过对智能化技术的应用，可以使自动化生产、智能物流配送等环节实现优化升级。

跨界融合与创新发展不断呈现：未来，短视频与农村电子商务的结合将不再局限于单一的领域或模式，而是呈现出跨界融合与创新发展的趋势。例如，与旅游、文化等产业深度融合，打造综合性的农村电子商务生态圈；或者探索新的营销模式和商业模式。创新农产品网络销售模式如图 4-4 所示。

图 4-4 创新农产品网络销售模式

六、农村电子商务短视频运营的挑战与对策

农村电子商务作为推动农村经济发展的新动力，近年来得到了广泛的关注和支持。而短视频作为一种新兴的内容传播方式，为农村电子商务带来了新的机遇和挑战。

（一）农村电子商务短视频运营面临的挑战

内容创意不足：由于农村电子商务短视频的创作者大多来自农村地区，他们在短视频制作技术和创意上能力不一，导致内容质量参差不齐。

网络基础设施薄弱：在一些偏远地区，网络基础设施尚不完善，网络速度慢、信号差等问题时有发生，影响了短视频的上传和观看。

物流配送难：农产品具有季节性、易腐性等特点，对物流配送的要求较高。在一些农村地区，物流配送体系尚不健全，导致农产品难以及时送到消费者手中。

市场竞争激烈：随着短视频平台的不断发展和用户规模的不断扩大，农村电子商务短视频领域的竞争日益激烈。

法律法规意识薄弱：在短视频制作和传播过程中，需要遵守相关法律和平台规定，若存在侵权、虚假宣传等行为，则可能会受到法律的制裁和平台的处罚。

（二）应对农村电子商务短视频运营挑战的对策

提升内容创意水平：针对内容创意不足的问题，农村电子商务短视频运营者可以加强学习和培训，提高短视频制作能力和创意水平。

加强网络基础设施建设：政府和企业应加大对农村网络基础设施建设的投入力度，提升网络速度和信号覆盖范围。

完善物流配送体系：针对物流配送难题，政府和企业可以合作建立完善的农产品物流配送体系，引入先进的物流技术和设备，提高配送效率。

制定差异化的竞争策略：面对激烈的市场竞争，农村电子商务短视频运营者需要制定差异化的竞争策略。

加强对法律法规的学习：农村电子商务短视频运营者需要加强对相关法律和平台规定的学习和了解，确保短视频的制作和传播合法合规。

农村电子商务短视频运营面临着多方面的挑战和机遇。为了推动农村电子商务的健康发展，相关人员需要从提升内容创意水平、加强网络基础设施建设、完善物流配送体系、制定差异化竞争策略和加强对法律法规的学习等方面入手，共同应对挑战并把握机遇。

案例链接

广西富川：电子商务+特色产业

富川瑶族自治县（简称富川）通过“电子商务+特色产业”模式，推动了特色产业与电子商务物流的融合发展，实现了物流网络化、集约化、标准化，有效降低了农村电子商务的物流成本，提高了物流运作效率。

完善组织领导体系。富川成立以县委书记、县长为组长的电商产业发展建设领导小组，成员包括县交通运输局、经贸局、财政局、发展和改革局、农业农村局、邮政公司等相关部门的主要领导。同时，组建正科级事业单位——富川电商发展中心，统筹推动农村物流发展。富川县级物流集散中心如图 4-5 所示。

图 4-5　富川县级物流集散中心

强化电子商务带动作用。富川采用了“区域公用品牌＋产品品牌”“区域公用品牌＋企业品牌”的双品牌战略，结合线上和线下双驱动的营销模式（线上农产品消费服务、线下农家体验），不断提高富川品牌知名度，实现了农村物流的降本增效。

改善发展软环境。富川大力推动电子商务、农村物流与本地特色产业的深度融合，建立了完善的“电子商务+特色产业+农村物流”发展领导组织体系。通过发挥交通运输的基础性作用和电子商务的带动性作用，不断改善依托特色产业发展电商物流的软环境。

经验启示：富川瑶族自治县通过“电子商务+特色产业”模式，成功实现了物流成本降低和品牌影响力提升。这表明，结合地方特色与现代电商技术，可以创新产业融合方式，优化资源配置。同时，强化组织领导与软环境建设是确保新模式落地见效的关键。

知识拓展

解读《“十四五”电子商务发展规划》

一、出台背景

党中央、国务院高度重视电子商务发展。2020 年以来，习近平总书记在不同场合多次就发展电子商务作出重要指示，对发展农村电商、跨境电商、丝路电商等提出要求，明确指出电子商务是大有可为的。2020 年的《政府工作报告》中三次提及电子商务，高度肯定了电子商务在抗疫中的重要作用，要求继续推动线上线下融合，促进电子商务发展。党的十九届五中全会指出，要发展数字经济，坚定不移建设数字中国。电子商务作为数字经济中规模最大、表现最活跃、发展势头最好的新业态新动能，是新发展格局蓝图中非常重要的一环，必将在畅通国内大循环、促进国内国际双循环中发挥重要作用。

“十三五”时期，我国电子商务取得了显著成就：电子商务交易额从 2015 年的 21.8 万亿元增至 2020 年的 37.2 万亿元；全国网上零售额 2020 年达到 11.8 万亿元，我国已连续 8 年成为全球规模最大的网络零售市场；2020 年实物商品网上零售额占社会消费品零售总额的比重接近四分之一，电子商务已经成为居民消费的主渠道之一；电子商务从业人员规模超过 6000 万，电子商务新业态、新模式创造了大量新职业、新岗位，成为重要的“社会稳定器”。这些数据充分说明，电子商务已经全面融入我国生产生活各领域，成为提升人民生活品质和推动经济社会发展的重要力量。与此同时，我国电子商务发展仍然面临不规范、不充分、不平衡的问题，平台企业垄断和不公平竞争问题凸显，企业核心竞争力不强，外部宏观环境发生复杂深刻变化，电子商务高质量发展机遇和挑战并存。

电子商务五年规划从“十一五”开始，迄今已经编制了四期，在指引我国电子商务发展方向、推动电子商务实现快速健康发展方面发挥了重要作用。规划作为“十四五”时期商务领域重点专项规划，深入研判我国电子商务发展现状和趋势、分析面临机遇和挑战，阐明“十四五”时期电子商务发展方向和任务，是市场主体的行为导向和各级相关政府部门履行职责的重要依据。

二、编制过程

规划紧紧围绕“坚持开门问策、集思广益，切实把社会期盼、群众智慧、专家意见、基层经验充分吸收到‘十四五’规划编制中来”的明确要求，逐条落实到规划编制过程中：一是广泛征求意见建议，先后开展地方政府书面调研、企业在线问卷调查、“电子商务发展 2025 年愿景调查”等，为规划编制奠定了坚实的群众基础；二是深入开展调查研究，克服疫情不利影响，采取线上线下相结合的方式，召开调研座谈会十余次，深入调研代表性企业数十家，为规划编制打下了牢固的实践基础；三是扎实推进课题研究，结合工作实际梳理出近 30 个重点课题，委托 19 家单位开展专门研究，形成 41 万字的研究报告，为规划编制积累了深厚的理论基础；四是统筹协调凝聚合力，反复征求 32 个相关部门意见，聚众智、汇众力，编制过程中充分注重与国家战略部署、重要专项规划和政策文件紧密衔接，为规划落地夯实了工作基础。规划编制历时一年多，于 2021 年 10 月正式印发。

三、重点考虑

第一，进一步明确了电子商务在新时代国民经济社会发展中的新使命。规划以习近平新时代中国特色社会主义思想为指导，以立足新发展阶段、贯彻新发展理念、构建新发展格局为主线，聚焦电子商务连接线上线下、衔接供需两端、对接国内国外市场的三个定位，赋予电子商务推动“数字经济高质量发展”和助力“实现共同富裕”的新使命，明确提出“十四五”时期电子商务“四个重要”的发展目标，并用“五个成为”描绘了 2035 年远景目标。

第二，确立了全新的电子商务发展原则和政策导向。规划坚持以人民为中心的发展思想，旗帜鲜明地提出了“四个坚持”的新原则。特别是把“坚持守正创新，规范发展”放在首要位置，进一步延续“十三五”规划中“发展与规范并举”的要求，秉持促进发展和监管规范双管齐下，在强调创新驱动、鼓励新模式新业态蓬勃发展的同时，坚持底线思维，促进公平竞争，强化反垄断和防止资本无序扩张。

第三，开展了电子商务发展指标体系的有益探索。规划在“十三五”规划三个规模指标的基础上，进一步补充了工业电子商务普及率、农村电子商务交易额、跨境电子商务交易额三个分领域指标，有利于更好体现电子商务发展的规模效益，更准确把握电子商务发展的特点趋势，并为指标体系进一步完善预留了空间。

第四，构建了电子商务服务构建新发展格局的战略框架。规划从国内和国际两个维度入手，让电子商务更有效服务构建新发展格局。在促进形成强大国内市场方面，首次提出培育高品质数字生活的理念，更好带动产业数字化；进一步强化数字技术创新和数据要素驱动对电子商务高质量发展的重要作用，推动数字化产业发展。在实现更高水平对外开放方面，充分发挥电子商务在数字经济国际合作和数字领域规则构建方面的主力军作用，加强数字产业链全球布局，推进跨境交付、个人隐私保护、跨境数据流动等数字领域国际规则构建，倡导开放共赢的国际合作新局面。

学习笔记

一、任务概览

本任务主要探讨了短视频内容策划与制作、运营策略制定，以及农村电子商务短视频运营的挑战与对策等内容。短视频作为一种新兴的内容传播方式，为农村电子商务打开了新的销售渠道，提高了农产品的知名度和市场竞争力。通过本任务的学习，我们可以对农村电子商务短视频运营有更深入的了解和认识。

二、核心知识点

（一）短视频内容策划与制作

内容定位是短视频内容策划的首要任务，主题选择是短视频内容策划的核心环节。

在制作短视频时，掌握拍摄、剪辑、配乐技巧，可以使短视频的观看效果更好。

（二）短视频运营策略制定

内容策略：制作高质量、富于创意和具有吸引力的短视频，结合农村文化和民俗风情，打造具有地方特色的短视频内容。

定位策略：明确目标受众，了解目标受众的兴趣爱好和需求特点，在此基础上，制作短视频。

推广策略：利用短视频平台的算法推荐机制，提高短视频的曝光率和传播效果。

（三）农村电子商务短视频运营的挑战与对策

挑战：内容创意不足、网络基础设施薄弱、物流配送难、市场竞争激烈、法律法规意识薄弱等。

对策：提升内容创意水平、加强网络基础设施建设、完善物流配送体系、制定差异化的竞争策略、加强对法律法规的学习等。

三、学习感悟

通过本任务的学习，我们要深刻认识到短视频运营在农村电子商务中的重要性和价值。短视频不仅为农产品打开了新的销售渠道，还为农村文化的传承和发展提供了新的载体。

此外，我们要意识到在农村电子商务短视频运营中需要遵守相关的法律法规和平台规定，确保内容的合法性和合规性。这要求必须具备一定的法律意识和自律能力，承担起应有的社会责任。

拓展练习

一、选择题

1.（　　）平台强调内容的多样性和接地气的特点。

A．抖音　　B．快手　　C．微视　　D．火山小视频

2．短视频与农村电子商务结合不能带来的效果是（　　）。

A．提升农产品知名度　　B．减少农产品销售渠道

C．增强消费者信任　　D．传承农村文化

3．（　　）不是短视频制作中的技巧。

A．拍摄技巧　　B．剪辑技巧

C．配乐选择　　D．特效使用

4．农村电子商务短视频运营者在面对激烈的市场竞争时，应（　　）。

A．降低价格　　B．制定差异化竞争策略

C．减少推广　　D．忽视竞争对手

5．在短视频平台展示农产品时，（　　）不是重要的考虑因素。

A．产品的外观和功能　　B．产品的生长环境和采摘过程

C．产品的政治背景　　D．产品的独特之处

二、填空题

1．抖音是一款由__________公司推出的短视频应用。

2．短视频与农村电子商务的结合，不仅是对当前市场趋势的敏锐洞察，更是对农村经济发展__________的积极探索。

3．在制作短视频时，需要明确__________群体，了解他们的兴趣爱好和需求特点。

4．为了推动农村电子商务的健康发展，需要从提升内容创意水平、加强网络基础设施建设、完善物流配送体系、制定__________，以及加强法律法规意识和自律能力等方面入手。

5．__________是短视频策划的首要任务，它决定了短视频的整体风格和受众群体。

三、简答题

1．简述短视频平台——抖音的特点。

2．短视频与农村电子商务结合的意义是什么？

3．农村电子商务短视频运营面临哪些挑战？

4．如何在短视频平台上进行用户互动？

5．如何优化农村电子商务短视频的运营策略？

知识学习

任务三　直播带货

直播带货作为一种新兴的电商销售模式，逐渐走进了人们的视野。特别是在农村地区，直播带货为农产品销售提供了新的渠道和机遇，有力地推动了农村电子商务的发展。

一、直播带货概述

（一）直播带货定义

直播带货是指通过直播平台，由主播展示和介绍商品，并实时回答观众提问，引导观众购买的一种电商销售模式。农村直播带货如图 4-6 所示。

图 4-6　农村直播带货

（二）直播带货的特点

实时互动性：在直播带货过程中，主播与观众之间可以进行实时的交流。

真实可信性：直播带货通常在真实的场景下进行，主播会亲自试用和体验商品，分享自己的真实感受。

高效便捷性：直播带货将商品展示、介绍、购买等环节融合在一起，观众可以在观看直播的过程中直接下单购买，无须跳转到其他平台或页面，提高了购物的效率和便捷性。

二、农村电子商务直播带货的优势

（一）拓宽销售渠道

通过直播带货，农产品可以直接面向全国各地的消费者进行销售，打破了地域限制，拓宽了销售渠道。

（二）提升农产品知名度

在直播带货过程中，主播通常会对农产品进行详细的介绍和宣传，包括农产品的产地、品种、口感、营养价值等。

（三）促进产销对接

直播带货可以实现农产品生产者与消费者之间的直接对接，减少了中间环节和流通成本。

（四）带动农村经济发展

直播带货不仅能够促进农产品的销售，还能够带动农村经济的发展。

三、农村电子商务直播带货面临的挑战

（一）主播素质参差不齐

直播带货的成功与否在一定程度上取决于主播的素质和能力。然而，在农村地区，具备

专业素质和经验的主播相对较少，主播素质参差不齐。

（二）网络基础设施薄弱

在一些偏远的地区，网络基础设施尚不完善，网络速度慢、信号差等。这严重影响了直播带货的观看体验和传播效果，制约了直播带货的发展。

（三）物流配送存在难题

农产品对物流配送的要求较高。一些农村地区的物流配送体系尚不能很好地支持及时将农产品送到消费者手中，对用户的购物体验带来消极影响。

（四）制度尚不完善

由于直播带货是一种较新的电商销售模式，相关制度尚不完善，假冒伪劣或虚假宣传等问题时有发生，如何划定责任并保障消费者和农民等的权益还需要进一步明晰。

四、推动农村电子商务直播带货发展的对策

（一）加强主播培训和管理

为了提高直播带货的质量和效果，需要加强对主播的培训和管理。可以通过组织专业培训课程、邀请专家进行授课等方式，帮助主播掌握产品知识、具有市场洞察力和善于运用直播技巧。

（二）完善网络基础设施

政府和企业应从提升网络速度和信号覆盖范围着手，加大对农村网络基础设施建设的投入力度。例如，建设基站、铺设光缆，以改善农村地区的网络环境，为农村电子商务直播带货提供有力的保障。

（三）优化物流配送体系

针对物流配送难题，政府应牵头建立并完善农产品物流配送体系，以提高物流配送效率。

（四）加强市场监管和法律法规建设

直播带货作为一种新兴的电商销售模式，需要加强市场监管和法律法规建设以保障其健康有序发展。政府应出台相关政策规范直播带货的市场秩序和行业标准。

案例链接

电商助农典型案例

2020年，在贵州省毕节市织金县，织金绣娘群体通过YY直播，吸粉2万余人，为1万余人次提供蜡染刺绣工艺、价格等方面的咨询服务，签订北京、上海、广州等地客户订单2000余件，共计20万元，总销售同比增加了2倍。这是欢聚集团实施“非遗绣娘”培训项目的成果。该集团为推进欠发达地区发展“内生力扶贫”，结合互联网直播平台优势和技术、市场经验，将传统手工艺与现代化传播手段相结合，既传承了民族文化，又促进妇女增收致富。

随着“互联网+”的深入发展，众多电商企业纷纷响应号召进入扶贫领域，帮助广大农民

致富，让优质农特产品走出大山，走向海外。风行乳业与贵州当地公司深度合作，将毕节山核桃与风行炼乳进行科学搭配，开发出新品风行核桃乳，仅用 78 天便上市销售。首批产品 3500 箱在短短 2 天内售罄，深受百万电商平台会员和门店消费者的喜爱。

借助澳门区位优势，珠海横琴跨境说网络科技有限公司综合运用“AI 技术+大数据引擎”构建产业全覆盖的一站式服务，破解农特产品走出去、市场化的难题。2018—2020 年，该公司实现超 600 万元扶贫产品销售额，这些产品不仅畅销粤港澳大湾区，还开拓了葡语系及拉美系国家市场。

在广东省罗定市，金津农业有限公司积极发挥电商优势，助推农产品进城。2020 年，该公司牵头建立罗定市豆豉鸡产业园，至 2023 年，产业园每年直接带动 5 万农户，10 万农民实现增收致富。

除了让优质农特产品“出圈”“出海”，不少企业更是扎根当地，利用自身优势资源，带动当地产业发展。在广东省湛江市，广东逢春制药有限公司建立了南药种植生产基地，参与建设湛江遂溪县广藿香现代农业产业园。近年来，该公司发挥龙头企业的带动辐射作用，以点带面，联农带农，促进农业稳产增产、农民稳步增收。

除了在消费端发力，积极帮助农民拓展销售渠道，上面提到的这些企业还教授农民网络营销技巧，教会农民利用互联网来增收。

经验启示：电商助农通过互联网+平台，结合地方特色与市场需求，不仅促进了农特产品销售，还推动了文化传承与产业升级。企业积极参与，利用技术、市场等优势，带动农户增收致富，实现了经济效益与社会效益的双赢。这些成功案例表明，电商是带动农民增收的有效抓手，是促进农村消费、满足人民对美好生活向往的有力支撑。

知识拓展

关于促进农村电子商务加快发展的实施意见

一、推动农产品电商化

重点：支持新型农业经营主体对接电商平台，培育互联网特色农产品品牌，打造个性化特色农产品，推动农产品网上销售和跨境电商新模式。

意义：通过电商平台，农产品能更直接、高效地触达消费者，解决农产品销售难题，提升农产品附加值，促进农民增收，助力乡村振兴。

二、完善农村电子商务消费服务体系

重点：改善农民网购环境，建设县、乡级服务配送中心和村级电商服务站，鼓励农资直营直销，提供“一站式”便民服务。

意义：提高农村消费环境，提升农民生活质量，同时促进农村电子商务与服务业的深度融合，为农民提供更多便利服务。

三、拓展农村电子商务应用领域

重点：利用移动互联网拓宽电商渠道，发展旅游观光、农业体验等，推动电子支付普及，创新互联网金融服务模式，扩大电商在乡村振兴中的应用。

意义：拓宽电商的应用领域，促进农村产业升级和融合发展，提升农村经济的多元性和可持续性，同时助力精准扶贫和脱贫攻坚。

四、培育农村电子商务市场主体

重点：支持电商企业在农村电子商务市场中的主体作用，鼓励社会力量参与，培育电商服务企业并对参与电商创业的农民给予支持。

意义：激发农村电子商务市场的活力和创造力，促进电商企业的成长和壮大，为农村电子商务的发展提供坚实的人才和组织保障。

五、完善农村电子商务支撑体系

重点：加快农村地区物流、通信基础设施和电商公共服务平台建设。

意义：完善农村电子商务支撑体系，为农村电子商务的发展提供坚实的保障，促进农村电子商务的可持续发展。

整体意义：全面推动农村电子商务的发展，通过政策支持、基础设施建设、市场培育等措施，促进农产品上行和工业品下行，提升农村消费水平和经济发展质量，助力乡村振兴。

学习笔记

一、任务概览

本任务介绍了直播带货对农村经济发展的积极影响，指出了直播带货面临的挑战，并给出了相应的对策和建议。

二、核心知识点

（一）直播带货的定义和特点

直播带货是指通过直播平台，由主播展示和介绍商品，并实时回答观众提问，引导观众购买的一种电商销售模式。

它具有实时互动性、真实可信性、高效便捷性等特点，能够有效提升消费者的购买意愿和购物体验。

（二）农村电子商务直播带货的优势

在农村电子商务中，直播带货具有拓宽销售渠道、提升农产品知名度、促进产销对接、带动农村经济发展等优势。

通过直播带货，农产品生产者可以直接与消费者沟通，打破地域限制，根据市场需求调整生产策略。

直播带货还有助于打造农产品品牌，增强市场竞争力。让更多消费者了解并购买到优质的农产品。

（三）农村电子商务直播带货的挑战和对策

挑战：主播素质参差不齐、网络基础设施薄弱、物流配送存在难题、制度尚不完善等。

对策：加强主播培训和管理、完善网络基础设施、优化物流配送体系、加强市场监管和法律法规建设等。

三、学习感悟

通过学习直播带货，我们可了解直播带货在农村电子商务领域中的巨大潜力和价值。它不仅为农产品销售提供了新的渠道和机遇，也为乡村振兴注入新的活力。

拓展练习

一、选择题

1. 直播带货是指通过（　　），由主播展示和介绍商品，并实时回答观众提问，引导观众购买的一种电商销售模式。

A. 电商平台　　B. 直播平台

C. 社交媒体平台　　D. 视频平台

2. 直播带货具有（　　）特点。

A. 实时互动性　　B. 虚假宣传

C. 低效便捷性　　D. 延迟交流

3. 在直播带货过程中，主播通常会对农产品进行（　　）方面的介绍和宣传。

A. 产地、品种、口感　　B. 价格、包装、物流

C. 广告、代言、推广　　D. 品牌、折扣、优惠

4. 直播带货在农村地区面临的挑战之一是（　　）。

A. 主播素质参差不齐　　B. 城市消费者不感兴趣

C. 农产品过剩　　D. 销售渠道单一

5. 为了推动农村电子商务直播带货发展，应该加强（　　）建设。

A. 主播培训和管理　　B. 农产品价格控制

C. 电商平台数量　　D. 物流包装标准化

二、填空题

1. 直播带货将商品展示、介绍、__________等环节融合在一起，提高了购物的效率和便捷性。

2. 在直播带货过程中，主播与观众之间可以进行________的互动和交流。

3. 直播带货可以实现农产品生产者与消费者之间的________，减少了中间环节和流通成本。

4. 在一些偏远地区，________尚不完善，影响了直播带货的观看体验和传播效果。

5. 为了推动农村电商直播带货的发展，政府和企业应加大对________的投入力度。

三、简答题

1. 简述直播带货的定义。
2. 农村电子商务直播带货有哪些优势？
3. 直播带货在农村地区面临的挑战有哪些？
4. 如何推动农村电子商务直播带货的发展？
5. 直播带货具有哪些特点？

模块考核评价

一、考核评价目标

本模块考核评价旨在评估学生在新媒体运营方面的能力。

新媒体平台认知与选择能力：了解并掌握当前主流新媒体平台的特点，根据农产品属性和目标受众，选择合适的新媒体平台进行运营。

内容创意与策划能力：结合农产品特点和市场趋势，创作高质量的新媒体内容，并制定有效的内容策划方案。

用户互动与社群管理能力：运用新媒体工具与用户进行有效互动，建立并维护良好的社群关系，提升用户黏性和忠诚度。

数据分析与优化能力：运用数据分析工具，对新媒体运营效果进行监测和评估，并根据数据反馈优化运营策略。

二、考核评价标准

新媒体平台选择：评估学生选择的新媒体平台是否适合农产品推广，以及平台的选择是否具有合理性和适应性。

内容创意与策划：评估学生创作的新媒体内容是否具有创新性和吸引力，以及内容策划方案是否具有实效性和可行性。

用户互动与社群管理：评估学生与用户互动的积极性和效果，以及社群建设的稳定性和活跃度。

数据分析与优化：评估学生对新媒体运营数据进行分析的准确性和及时性，以及根据数据反馈进行优化调整的合理性和有效性。

三、考核评价方法

新媒体平台分析报告：要求学生提交一份关于所选新媒体平台的分析报告，包括平台特点、用户群体、竞争情况等。

内容创意与策划方案：要求学生设计一份针对农产品的内容创意与策划方案，包括主题、形式、发布计划等，并提交相关文案或设计稿件。

用户互动与社群管理实操：要求学生实际参与用户互动和社群管理，包括回复评论、组织社群活动等，并记录互动情况和社群发展数据。

数据分析与优化报告：要求学生定期对新媒体运营数据进行收集和分析，并提交数据分析与优化报告，包括数据概况、存在问题及优化建议等。

四、考核评价结果反馈

个人反馈：针对各项任务的完成情况，提供具体的反馈意见和改进建议，以提升新媒体运营能力。

整体反馈：针对整个班级的考核评价结果进行汇总和分析，总结在新媒体运营方面的普遍问题和优秀经验，为教学提供改进依据。

优秀案例展示：将优秀的学生作品进行展示和分享，包括新媒体平台分析报告、内容创意与策划方案、用户互动与社群管理实操案例及数据分析与优化报告等，激励其他学生学习和借鉴优秀经验。

模块五 农村电子商务营销与推广

模块导读

在数字化浪潮的推动下，农村电子商务正迎来前所未有的发展机遇。作为农村电子商务的核心环节，营销与推广对于提升农产品知名度、拓展销售渠道、促进农民增收具有至关重要的作用。本模块将引领大家深入探索农村电子商务营销与推广的奥妙，揭示其背后的战略意义与实践价值。

在农村电子商务中，营销与推广旨在通过多元化的推广手段，将优质的农产品推向更广阔的市场，实现农产品价值最大化。营销与推广的成功，离不开对目标市场的精准定位。农村电子商务市场具有多样性和分散性的特点，因此，我们需要通过深入的市场调研，准确识别消费群体，理解他们的需求和偏好，以此为基础制定精准的营销策略。

农村电子商务营销与推广需要我们具备扎实的理论基础和丰富的实战经验。本模块将系统介绍农村电子商务营销与推广的基本概念、策略和实施步骤等，并结合实际案例进行深入剖析。通过学习和实践，读者将能够掌握农村电子商务营销与推广的核心技能和知识，为农村电子商务的繁荣发展贡献自己的力量。

本模块旨在帮助读者全面、深入地了解农村电子商务营销与推广的基础知识。我们将从营销与推广概述、网店营销与推广的实施、网店商品销售的必备技巧等方面进行详细介绍，帮助读者培养营销与推广能力。

学习目标

知识目标

1. 掌握农村电子商务营销与推广的基本概念、策略和实施步骤，理解其在农村电子商务体系中的重要性。

2. 学习市场调研和目标市场定位的理论知识，了解如何识别和分析消费者需求。

3. 熟悉各种传统和新兴的营销与推广工具和技术，包括广告、促销、社交媒体营销、内容营销等。

4. 理解品牌建设和口碑传播在营销与推广中的作用，学习相关理论和口碑传播机制。

技能目标

1. 培养制定农村电子商务营销与推广策略的能力，能够根据市场需求和竞争状况对策略进行调整。

2. 学会运用市场调研工具和方法，收集和分析市场数据，为营销与推广策略制定提供科学依据。

3. 熟练掌握各种营销与推广技术，能够独立策划和实施营销活动。

4. 培养品牌建设和口碑传播的实际操作能力，能够运用品牌故事、品牌形象等提升农产品的品牌价值。

素养目标

1. 提升对农村电子商务营销与推广的认识，增强从事相关工作的责任感和使命感。

2. 培养创新意识和开放性思维，能够不断探索和尝试新的营销与推广方法。

3. 树立诚信经营和客户至上的理念，注重农产品品牌的维护和消费者关系的建立。

4. 培养团队协作和沟通能力，能够与团队成员有效合作，共同完成营销与推广任务。

5. 养成持续学习和自我提升的习惯，关注行业动态和技术创新，不断提升专业素养。

引导案例

政府当先，亲民为民

吉林省通榆县是典型的农业大县，农产品丰富，但受限于人才、物流等种种因素，农村电子商务发展基础落后。通榆县根据自身情况积极“引进外援”，与杭州常春藤实业有限公司开展系统性合作，为通榆县农产品量身打造“三千禾”品牌。

值得一提的是，为解决消费者对农产品的疑虑，通榆县委书记和县长联名写了一封面向全国消费者的信——“致淘宝网民的一封公开信”，挂在淘宝网聚划算频道的首页，这一诚恳亲民的做法赢得了网友的一致称赞，在一定程度上提振了消费者对于通榆县农产品的信任感。

启示：政府整合当地农产品资源，系统性委托给具有实力的大企业进行包装、营销和线上运营，地方政府、农户、电商企业、消费者及平台共同创造并分享价值，既能满足各方的价值需求，又能带动县域经济的发展。

知识学习

任务一 营销与推广概述

农村电子商务逐渐成为推动农村经济发展、助力乡村振兴的重要力量。营销与推广是农村电子商务的核心环节，好的营销与推广可以提升农产品知名度、拓宽销售渠道、增加农民收入。正在进行营销与推广的电商中心如图 5-1 所示。

图 5-1 正在进行营销与推广的电商中心

一、农村电子商务营销与推广的概念及重要性

（一）概念界定

农村电子商务营销与推广是指借助互联网平台和网络技术手段，对农村地区的农产品、特色手工艺品等进行宣传，以实现品牌知名度提升、销售渠道拓宽、交易量增加等为目标的活动。具体而言，营销是指通过一系列活动，包括产品的设计、定价、促销和分销，来满足消费者需求和实现组织目标的过程；推广则是营销活动中的具体手段，旨在将产品信息传递给目标消费者，激发其购买欲望。

（二）重要性分析

提升农产品知名度：通过专业的营销与推广策略，能够将农产品的品质、特色等优势展现给更多消费者，提升农产品的知名度。

拓宽销售渠道：互联网平台的开放性使得农产品能够触及更广泛的消费群体，从而拓宽销售渠道，提高销售效率。

增加农民收入：营销与推广活动的成功开展能够带动农产品销量的提升，进而增加农民的收入，改善其生活水平。

促进农村经济发展：营销与推广为农村电子商务注入活力，带动农村相关产业的繁荣，促进农村经济的整体发展。

二、农村电子商务营销与推广的策略

随着互联网的普及和电子商务的迅猛发展，农村电子商务正成为推动农村经济发展的新引擎。在农村电子商务中，制定并实施有效的营销与推广策略，可以推动农村电子商务的可持续发展，为农村经济的繁荣做出更大的贡献。营销与推广的策略包括明确目标市场与定位、整合线上线下资源、创新营销手段、强化品牌建设、优化物流配送体系、关注客户体验与反馈等方面。

（一）明确目标市场与定位

首先，要明确目标市场与定位。通过对目标市场进行深入分析，了解消费者的需求、购买习惯和消费能力，确定农产品的目标消费群体。

（二）整合线上线下资源

营销与推广需要充分整合线上线下资源。线上方面，可以通过官方网站、社交媒体平台等展示农产品的详细信息，包括价格优势和促销活动，吸引消费者的关注。线下方面，可以与当地农户、合作社等建立紧密合作关系，确保农产品的品质和供应的稳定性。

（三）创新营销手段

营销手段需要不断创新，以吸引消费者的关注。此外，还可以开展互动营销活动，如农产品知识竞赛、体验种植等，增强消费者的参与感。

（四）强化品牌建设

品牌是农产品在市场竞争中的重要资产。因此，在农村电子商务的营销与推广过程中，应重视品牌的建设和保护。通过注册商标、设计独特的包装和标识等方式，塑造独特的品牌形象。

（五）优化物流配送体系

为了使营销与推广的长期效果得到凸显，需要优化物流配送体系。通过与快递公司、物流公司等建立合作关系，确保农产品能够快速、准确地送到消费者手中。

（六）关注客户体验与反馈

客户体验是农村电子商务营销与推广的核心，应关注消费者的购物体验和在产品质量等方面反馈的信息。通过收集和分析消费者的意见和建议，不断优化产品和服务质量，提升客户体验。

三、农村电子商务营销与推广的实施步骤

农村电子商务作为连接农村与城市、农产品与消费者的桥梁，对于推动农产品上行、

助力农民增收具有重要的意义。然而，要让农产品走出大山、走向全国乃至全球，营销与推广工作不可或缺。

（一）市场调研与分析

在进行农村电子商务营销与推广之前，首先要进行市场调研与分析。通过收集目标市场的相关信息，了解消费者的需求和购买习惯、竞争对手情况，以及行业发展趋势等。这些信息有助于企业制定更精准的营销策略和推广方案。

（二）编制营销与推广计划

在市场调研的基础上，结合企业自身的资源和优势，编制详细的营销与推广计划。计划应包括目标市场的定位、营销策略的选择、推广渠道的布局、预算分配及实施时间表等。

（三）建设营销与推广团队

一个专业的营销与推广团队是农村电子商务成功的关键。企业应组建一支具备市场洞察力、创新力和执行力的团队，负责营销与推广计划的实施。

（四）实施营销与推广活动

根据编制的计划，营销与推广团队应有序地实施各项营销与推广活动。这包括线上线下的宣传、促销活动的组织、合作伙伴的拓展等。

（五）评估营销与推广效果

营销与推广活动结束后，企业应对营销与推广效果进行评估。通过收集销售数据、消费者反馈、市场份额变化等信息，分析营销与推广活动的成效和不足。

（六）持续优化与改进

在农村电子商务中，营销与推广策略也需要不断优化和改进。企业应根据市场变化和消费者需求变化，及时调整营销策略和推广手段。

四、农村电子商务营销与推广面临的挑战及应对措施

（一）面临的挑战

基础设施落后：农村地区的基础设施建设相对滞后，网络覆盖不全、物流体系不完善等问题制约了农村电子商务的发展。这导致农产品上行困难，营销与推广效果受限。

农产品标准化程度低：农产品具有地域性、季节性和多样性等特点，缺乏统一的标准和规格，给营销与推广带来难度。消费者难以准确了解产品质量和价格，影响购买决策。

电商意识薄弱：部分农产品销售者对电子商务的认知度不高，缺乏网络营销和推广的知识和技能。这使得他们在市场竞争中处于不利地位，难以有效利用电商平台拓展销路。

市场竞争激烈：随着电子商务的普及，农产品市场竞争日益激烈。来自全国各地的优质农产品都在争夺有限的市场份额，农村电子商务在营销与推广上面临巨大的压力。

（二）应对措施

加强基础设施建设：政府和企业应加大投入力度，加快农村地区的网络建设和物流体系

建设。通过提高网络覆盖率和物流效率，使农产品上行的成本降低和时间减少，为农村电子商务的营销与推广创造有利条件。

推进农产品标准化建设：制定和完善农产品的标准和规格，推动农产品的品牌化和标准化发展。通过采取统一包装、规范标识和进行质量控制等措施，提高农产品的市场认可度和竞争力。

培养电商意识：加强对农产品销售者的电商培训和教育，提高他们的网络营销和推广能力。通过举办培训班、开展现场指导等方式，帮助农民掌握电商基本知识和技能，激发他们参与农村电子商务创业的积极性。

创新营销与推广手段：结合农产品的特点和市场需求，创新营销与推广手段。例如，利用社交媒体、短视频等新媒体平台进行宣传，开展线上线下相结合的促销活动，提高农产品的知名度和销售额。

加强合作与联盟：鼓励农村电子商务企业之间加强合作与联盟，共同应对市场竞争。通过资源共享、优势互补等方式，降低运营成本，提高整体竞争力。

案例链接

民勤县农村直播电商案例入选“全国农村直播电商十佳县域案例”

2023年下半年，在由中国国际电子商务中心主办的首届全国农村直播电商（县域）案例赛事活动中，民勤县商务局申报的国家级县域案例《“小屏幕”联结线上线下市场，“直播间”助燃乡村振兴之火　民勤县农村直播电商助推县域经济高质量发展》入选“全国农村直播电商十佳县域案例”，并荣获“非凡奖”。这一成果充分展示了民勤县在农村电子商务发展方面取得的成效，也为民勤县农村电子商务发展树立了良好的品牌形象。民勤县直播电商如图5-2所示。

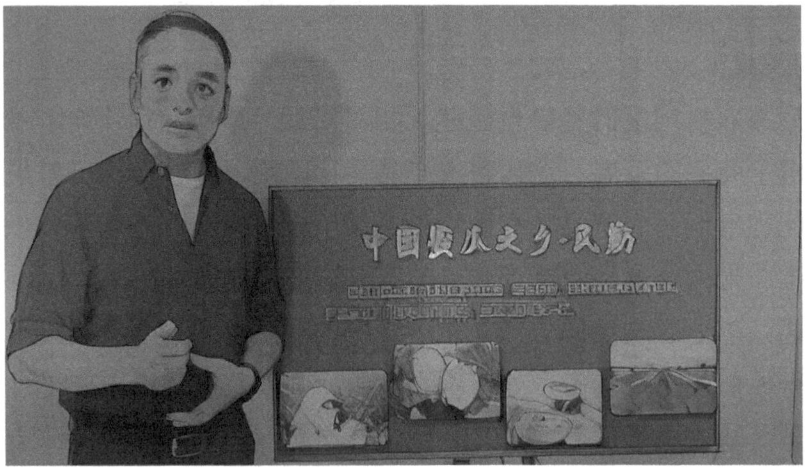

图5-2　民勤县直播电商

民勤县通过持续发展农村直播电商，以及在淘宝、抖音、京东等电商直播平台上精耕细作，全力推广了民勤农特产品，打响了“民勤蜜瓜”“民勤羊肉”“民勤人参果”等县域品牌，培育了38个网货品牌，如“民清源”“梭梭农庄”“勤先生”等。在京东、抖音、拼多多、淘宝等10余家第三方电商平台上开设的店铺达到1182个，培育了206家本地电子商务企业，良好的直播电商创业环境，让全县农产品电商的从业人员超过了1200人。2023年1—10月，全县电子商务交易额达8.97亿元，同比增长15.14%，其中农产品网销额达6.91亿元，同比增长15.16%。电子商务已成为民勤县网络经济的品牌和促农增收的重要渠道。

经验启示：民勤县通过农村直播电商，有效联结线上线下市场，推动了乡村振兴。这一成功模式不仅提升了县域品牌知名度，还带动了农特产品销售，促进了县域经济的高质量发展。这告诉我们，紧跟电商趋势，深耕直播平台，培育本地品牌和电商企业，能够显著推动农产品上行，为农民增收开辟新路径。

知识拓展

完善县域物流　推动电商兴农

加快贯通县乡村电商体系和物流配送体系，是推动农村电商提档升级、挖掘国内市场潜力的应有之义，对提升电商应用水平、促进线上线下融合、健全电商公共服务体系至关重要。此举旨在推动县域商业体系转型升级，完善县乡村三级物流配送体系，培育新型农村市场主体，实现农民收入和农村消费的双重提升。

郧西县地处秦巴山区，下辖的18个乡镇大多沟壑纵横、道路崎岖。2019年，中国供销集团十堰新合作公司在当地开设电商服务站，开展工业品下乡、农产品进城双向流通服务，促进当地电商与寄递物流融合发展。截至目前，电商服务站点已覆盖郧西县数百个行政村，保障货物顺畅送达，给百姓生活带来了便利。

“有的村看着很近，但要翻几座山才能到达，有的地方道路还没有完全硬化，有时车子坏在半道上，大家就肩扛、手提、背篓背，坚持把生活物资送进去。”十堰新合作公司相关负责人李德山说。

依托“互联网+”，加强城市市场、物流企业与农户农场、农民合作社等的衔接，发展专业化农产品寄递服务，建设冷链仓储加工设施，助力农产品销售，将有利于乡村特色产业的发展。

学习笔记

一、任务概览

本任务主要介绍了农村电子商务中的营销与推广概述，内容涵盖了营销与推广的基本概念、重要性，以及常见的营销与推广策略。

二、核心知识点

营销与推广的基本概念：农村电子商务营销与推广是指借助互联网平台和网络技术手段，对农村地区的农产品、特色手工艺品等进行宣传，以实现品牌知名度提升、销售渠道拓宽、交易量增加等为目标的活动。

营销与推广的重要性：在农村电子商务中，有效的营销与推广是提升农产品知名度、拓宽销售渠道、增加农民收入、促进农村经济发展的关键。它能够帮助电商企业更好地连接消费者，实现产品的价值转化。

常见的营销与推广策略：明确目标市场与定位、整合线上线下资源、创新营销手段、强化品牌建设、优化物流配送体系、关注客户体验与反馈等。营销需要考虑产品、价格、渠道和促销方式等。例如，关注产品的设计、品质和定位；了解产品的定价原则和方法；关注产品分销渠道的选择和管理；了解广告、公关、优惠等促销方式的优缺点并进行选择。推广包括线上推广和线下推广。线上推广主要利用互联网平台，如社交媒体、搜索引擎、电子邮件等进行信息传播；线下推广则通过传统媒体、活动、口碑等方式进行信息传播。在农村电子商务中，线上线下相结合的推广方式往往更有效。

三、学习感悟

通过本任务，我们要深刻体会营销与推广在农村电子商务中的重要性。一个成功的营销活动或推广手段往往能够带来意想不到的效果，提升产品的知名度和销售额。

拓展练习

一、选择题

1. 农村电子商务营销与推广的主要目标不包括（　　）。

A．提升农产品知名度　　B．拓宽销售渠道

C．降低生产成本　　D．增加农民收入

2. 在农村电子商务营销与推广的过程中，（　　）不是关键策略。

A．明确目标市场与定位　　B．整合线上线下资源

C．忽略品牌建设　　D．创新营销手段

3. （　　）不属于农村电子商务营销与推广面临的挑战。

A．基础设施落后　　B．农产品标准化程度高

C．农民电商意识薄弱　　D．市场竞争激烈

4. 在实施农村电子商务营销与推广活动时，（　　）不是必须的。

A. 市场调研与分析　　B. 编制营销与推广计划

C. 忽略团队建设　　D. 实施营销与推广活动

5. 在应对农村电子商务营销与推广挑战时，（　　）不是有效的。

A. 加强基础设施建设　　B. 阻止农产品标准化建设

C. 培养农民电商意识　　D. 加强合作与联盟

二、填空题

1. 农村电子商务营销与推广是指借助互联网平台和技术手段，对农村地区的农产品、特色手工艺品等进行________，以实现品牌知名度提升、销售渠道拓宽、交易量增加等目标的活动。

2. 在进行农村电子商务营销与推广之前，首先要进行________，以了解消费者的需求、购买习惯等。

3. ________是农产品在市场竞争中的重要资产，农村电子商务在营销与推广过程中应注重品牌的建设和保护。

4. 物流配送是农村电子商务的________之一，为了提高消费者的购物体验和满意度，需要优化物流配送体系。

5. 在应对农村电子商务营销与推广挑战时，政府和企业应加大投入，加快农村地区的________。

三、简答题

1. 农村电子商务营销与推广的重要性体现在哪些方面？

2. 农村电子商务营销与推广的策略有哪些？

3. 在进行农村电子商务营销与推广之前，需要做哪些工作？

4. 农村电子商务营销与推广面临的挑战有哪些？

5. 针对农村电子商务营销与推广面临的挑战，可以采取哪些应对措施？

知识学习

任务二　网店营销与推广的实施

农村电子商务逐渐成为推动农村经济发展、助力乡村振兴的重要手段。营销与推广作为农村电子商务的核心环节，对提升农产品知名度、拓宽销售渠道、促进产销对接等方面具有至关重要的作用。网络营销分类如图 5-3 所示。

图 5-3　网络营销分类

一、概念界定

在农村电子商务中，网店（网上店铺）营销与推广是指利用互联网技术和电商平台，在网店中对农产品进行品牌宣传、市场推广、销售策略制定等一系列活动，以实现农产品的销售目标和市场占有率的提升。

二、特点分析

（一）目标市场的定位精准

网店营销与推广的首要特点是目标市场定位的精准。通过大数据分析、用户画像等技术手段，农产品网店可以更加准确地识别目标消费群体，包括他们的地理位置、消费习惯、购买偏好等。

（二）营销与推广手段呈现出多样性与创新性

网店营销与推广手段呈现出多样性和创新性。除传统的搜索引擎优化（SEO）、社交媒体、电子邮件等营销与推广手段外，还涌现出了一系列新的营销与推广手段，如短视频、直播、社群等。

（三）内容营销的重要性凸显

在网店营销与推广中，内容营销的重要性日益凸显。优质的内容不仅可以提高店铺的知名度和美誉度，还能有效吸引并留住潜在客户。

（四）用户互动增加与参与度提升

网店营销与推广的另一个显著特点是用户互动增加与参与度提升。通过互动活动、话题挑战、用户评价等方式，农产品网店可以与消费者建立更加紧密的联系，提高用户的忠诚度。

（五）数据驱动营销决策

数据驱动营销决策是网店营销与推广的特点之一。通过对用户行为数据、销售数据等的收集和分析，可以更加科学地评估营销与推广效果，及时调整和优化策略。

（六）跨平台整合与流量共享

跨平台整合与流量共享也是网店营销与推广的一个重要特点。农村电子商务从业者应积极寻求与各大电商平台、社交媒体平台合作，实现资源共享和互利共赢。

网店营销与推广的实施具有目标市场定位精准、营销与推广手段呈现出多样性与创新性、内容营销的重要性凸显、用户互动增加与参与度提升、数据驱动营销决策及跨平台整合与流量共享等一系列特点。

三、网店营销与推广的策略

（一）品牌定位策略

品牌定位是农村电子商务网店营销与推广的基础。在进行品牌定位时，需要充分考虑农产品的特点、目标市场和竞争对手情况，确立独特且具有吸引力的品牌定位。

（二）内容营销策略

内容营销是农村电子商务网店营销与推广的重要手段。通过高质量、有价值的内容，如农产品种植技术、烹饪方法、健康养生知识等，吸引消费者的关注并激发他们的购买意愿。

（三）社交媒体营销策略

社交媒体是现代人日常生活中不可或缺的一部分，也是农村电子商务网店营销与推广的重要渠道。

（四）搜索引擎优化策略

搜索引擎优化（SEO）是提高农产品在搜索引擎中排名的技术手段，也是农村电子商务网店营销与推广的重要组成部分。

四、网店营销与推广的实施步骤

（一）目标市场分析与定位

在进行网店的营销与推广之前，需要对目标市场进行深入分析和定位。了解目标市场的消费者特征、需求偏好、购买习惯等信息，为制定个性化的营销策略提供依据。

（二）营销策略制定与执行

根据目标市场的分析结果，制定相应的营销策略和并编制推广计划。包括品牌定位、内容创作、社交媒体运营、搜索引擎优化等方面的具体措施和执行计划。

（三）效果评估与持续改进

对网店的营销与推广效果进行定期评估，包括对销售额、市场占有率、消费者满意度等指标的评估。

有效的营销与推广手段可以提高农产品的知名度和美誉度，拓宽销售渠道，促进产销对接，推动网店的健康发展。

案例链接

高邮市电子商务公共服务中心入选全省“互联网 +”帮促助农活动典型案例

2019 年，高邮市成功申报成为国家级电子商务进农村综合示范县，着力开展电子商务进农村综合示范工作，充分发挥电子商务在优化农业产业结构中作用，加快农村电子商务建设。

高邮市电子商务公共服务中心打造“电商+直播”新模式、新平台，共设置了 8 个直播间和 1 个直播厨房。在江苏省商务厅和江苏省邮政管理局公布的 2022 年“互联网+”帮促助农活动典型案例评选结果中，全省共有 59 家企业、组织和主体入选。高邮市电子商务公共服务中心凭借其在公益助农行动中的优异表现入选。

近年来，高邮市电子商务公共服务中心整合高邮市农村产品、滞销农产品及对口帮扶农村产品，进行电商相关合作并协助帮销，带动江苏高邮鸭集团销售额达 75 万余元，带动江苏高邮湖生态渔业发展有限公司销售额达 488 万余元，共计带动农村产品销售额达 563 万余元。高邮市电子商务公共服务中心在第三方平台建立帮扶产品专区，助力优质农产品销售。

2021 年高邮市电子商务公共服务中心开展“高邮行、米脂情”对口帮扶活动，远赴陕西省米脂县开展电商培训、企业走访；2022 年开展电商帮扶活动，走进米脂企业，深入调研 11 家企业、孵化 20 名米脂当地网红，进行为期一年的孵化。2023 年，高邮市电子商务公共服务中心举办高邮米脂助农直播带货年中大促专场，以互联网力量帮助米脂产品进行销售。

高邮市电子商务公共服务中心也将继续针对米脂县的区域特色、产品特色、市场特色，进行深入、有效的帮扶，多平台、多领域、多方位地带动米脂县电商产业，带动米脂县的农产品销售。

经验启示：高邮市电子商务公共服务中心通过“电商+直播”模式，不仅优化了农业结构，还成功助力农产品销售。其公益助农行动，展现了电子商务在乡村振兴中的巨大潜力。通过跨地区帮扶、直播培训等活动，不仅提升了当地农产品的知名度，还带动了农民增收，为乡村振兴提供了有力支持。

知识拓展

2023 年我国农村网络和农产品网络零售额分析

2023 年，面对复杂严峻的国内外经济形势和多发、重发的自然灾害，农业农村保持了发展稳中向好、稳中有进的势头，“三农”基本盘进一步夯实，为经济回升向好、高质量发展扎实推进提供了有力支撑。

1．农村网络零售额

近年来，我国电商市场蓬勃发展。农业农村部数据显示，2023 年我国农村网络零售额达 2.49 万亿元，同比增长 12.9%。2019—2023 年我国农村网络零售额统计情况如图 5-4 所示。

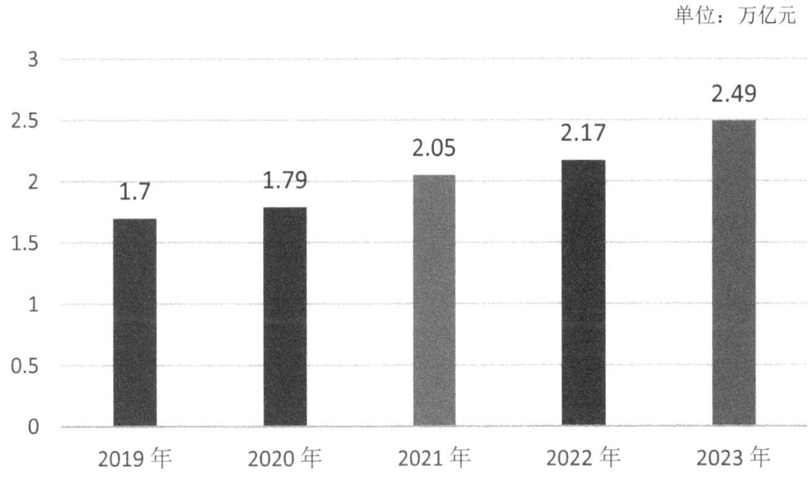

图 5-4　2019—2023 年我国农村网络零售额统计情况（数据来源：农业农村部）

2．农产品网络零售额

农业农村部数据显示，2023 年我国农产品网络零售额达 5870.3 亿元，比上年增长 10.5%，农产品网络零售已连续多年保持较快增长，呈现出东中西部竞相发展、各类农产品加速覆盖的良好态势，特别是为打赢脱贫攻坚战做出了独特的贡献，在很大程度上变革了农产品传统流通方式，形成了新的流通模式，已经成为农村数字经济发展的突破口和领头羊。2019—2023 我国农产品网络零售额统计情况如图 5-5 所示。

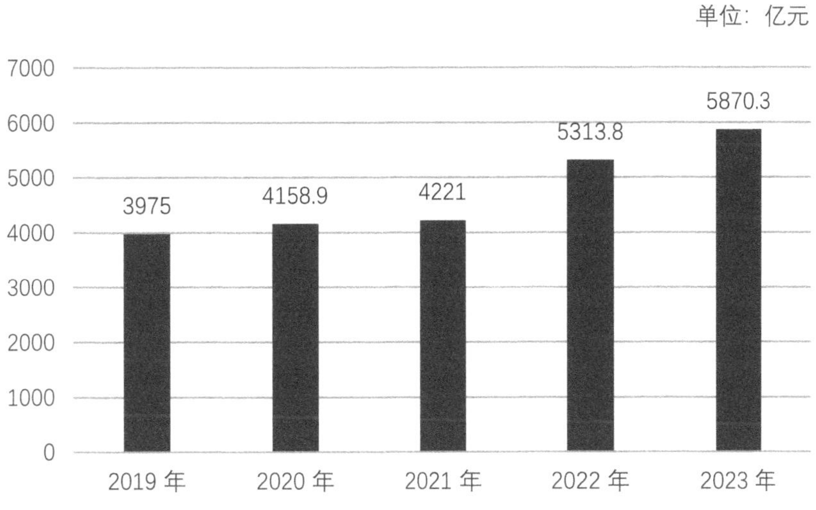

图 5-5　2019—2023 年我国农产品网络零售额统计情况（数据来源：农业农村部）

学习笔记

一、任务概览

本任务重点介绍了网店营销与推广的策略和实施。内容涵盖了概念界定、特点分析、策略制定及实施等方面。

二、核心知识点

网店营销与推广概念：利用互联网技术和电商平台，在网店中对农产品进行品牌宣传、市场推广、销售策略制定等一系列活动，以实现农产品的销售目标和市场占有率的提升。

网店营销与推广特点：目标市场的定位精准、营销与推广手段呈现出多样性与创新性、内容营销的重要性凸显、用户互动增加与参与度提升、数据驱动营销决策、跨平台整合与流量共享。

网店营销与推广策略制定：结合网络市场调研和目标客户定位的结果，制定具体的营销策略，包括品牌定位策略、内容营销策略、社交媒体营销策略、搜索引擎优化策略等。

网店营销与推广实施步骤：目标市场分析与定位、营销策略制定与执行、效果评估与持续改进。

三、学习感悟

学习本任务内容后，我们能深刻体会到网店营销与推广在农村电子商务中的重要性。有效的营销与推广策略可以帮助店铺提升知名度、扩大市场份额并实现销售目标。

拓展练习

一、选择题

1．农村电子商务营销与推广的首要特点是（　　）。

A．目标市场的精准定位　　B．营销手段的多样性与创新性

C．内容营销的重要性凸显　　D．用户互动与参与度的提升

2．（　　）不属于农村电子商务营销与推广的策略。

A．品牌定位策略　　B．内容营销策略

C．价格竞争策略　　D．社交媒体营销策略

3．在进行农村电子商务营销与推广之前，需要对（　　）进行深入分析和定位。

A．竞争对手　　B．目标市场

C．销售渠道　　D．农产品特点

4．搜索引擎优化（SEO）是农村电子商务营销与推广的（　　）。

A．基础　　B．手段

C．渠道　　D．组成部分

5．（　　）不是农村电子商务营销与推广实施步骤中的内容。

A．目标市场分析与定位　　B．农产品种植技术培训
C．营销策略制定与执行　　D．效果评估与持续改进

二、填空题

1．农村电子商务营销与推广是指利用________和电子商务平台，对农产品进行品牌宣传、市场推广、销售策略制定等一系列活动。

2．网上店铺营销与推广的________日益凸显，优质内容可以提高店铺的知名度和美誉度。

3．农村电子商务营销与推广的策略包括品牌定位策略、内容营销策略、________和搜索引擎优化策略等。

4．在进行农村电子商务营销与推广之前，需要对________进行深入分析和定位。

5．搜索引擎优化是提高农产品在________中排名的技术手段。

三、简答题

1．简述农村电子商务营销与推广的特点。

2．农村电子商务营销与推广的策略有哪些？

3．在进行农村电子商务营销与推广之前，需要进行哪些准备工作？

4．什么是搜索引擎优化？

5．农村电子商务营销与推广的意义是什么？

知识学习

任务三　网店商品销售的必备技巧

网店是农村电子商务的重要组成部分。采用销售技巧对于提升店铺知名度、吸引潜在客户、提高销售额等方面具有至关重要的作用。

一、网店商品的销售技巧

（一）商品描述要精准

准确、详细的商品描述是吸引客户的关键。描述中应包括商品的基本信息、功能特点、使用方法等。

（二）进行合理定价

合理的价格是网店销售成功的重要因素。在制定价格时，需要考虑成本、市场需求、竞争状况等因素，同时运用折扣、优惠等策略吸引消费者关注。

（三）采用促销手段

有效的促销可以激发客户的购买热情。常见的促销手段包括限时优惠、满减、赠品等。在运用促销手段时，需要注意活动的创意性和实效性。。

（四）提供优质的客户服务

优质的客户服务是提升客户满意度的关键。在销售过程中，需要保持热情、耐心的服务态度，及时回应客户的疑问，处理客户的投诉，以建立良好的客户关系。

二、网店商品的营销与推广

农村电子商务的兴起为农民开辟了新的销售渠道，也为消费者带来了更加丰富的农产品选择。在这一背景下，网店商品的营销与推广显得尤为重要。

（一）市场调研与定位

在对网店商品进行营销与推广之前，需要先进行市场调研，了解目标市场的消费需求、竞争对手情况及行业发展趋势等。通过调研，可以明确店铺的市场定位，包括目标消费群体、商品差异化点及品牌形象等。

（二）编制营销与推广计划

根据市场调研结果，编制详细的商品营销与推广计划。计划应包括目标设定、策略选择、预算分配、时间表安排等内容。

（三）店铺美化与优化

店铺的美观程度对于商品的营销与推广至关重要。因此，需要对店铺进行美化与优化。这包括设计简洁大方的店铺界面、制作清晰美观的产品图片、编写详细的商品描述、优化购物流程等。通过这些措施，可以提升消费者的购物体验，增加他们的购买意愿。美观的网店招牌图如图 5-6 所示。

图 5-6　美观的网店招牌图

（四）实施营销与推广活动

根据编制的计划，有序地实施各项营销与推广活动。这包括在搜索引擎上投放商品广告、在社交媒体上发布商品宣传内容，以及组织商品促销活动等。

（五）监控与评估推广效果

活动结束后，需要对商品营销与推广效果进行监控与评估。通过收集销售数据、消费者反馈等信息，分析营销与推广活动的成效和不足。

（六）持续优化与改进

网店商品的营销与推广也需要随着农村电子商务的发展不断优化和改进，即需要及时调整营销策略和推广手段。

三、网店商品销售的注意事项

（一）精准定位目标客户群体

商家在推广商品时，首先要明确目标客户群体。通过深入的市场调研，了解目标客户喜爱的商品类型，从而制定出更加精准的营销策略。

（二）注重商品质量与服务

网店商品的销售不能仅靠宣传，更重要的是提供优质的商品和服务。商家应确保所售农产品的质量可靠、安全健康。

（三）合理利用各种营销与推广手段

网店在对商品进行销售时，应充分利用各种营销与推广手段，如搜索引擎优化、社交媒体营销、电子邮件营销等。

（四）注重口碑营销与品牌建设

口碑营销是网店商品销售中不可忽视的一环。商家应鼓励消费者对购买的农产品进行评价和分享，通过口碑传播吸引更多的潜在客户。

（五）持续跟踪与调整营销与推广策略

网店商品营销与推广是一个持续的过程，需要不断跟踪和调整营销与推广策略。商家应定期对营销与推广效果进行评估和分析，根据数据反馈调整方案。例如，可以根据商品销售数据和消费者反馈情况优化农产品组合和定价策略；根据竞争对手情况调整广告投放策略等。只有持续跟踪和调整营销与推广策略，才能确保商品具有好的销售业绩。

（六）遵守法律法规与行业规范

在对网店商品进行销售时，商家应严格遵守国家法律法规和行业规范。不得发布虚假广告、进行恶意竞争；要尊重消费者的知情权和选择权；保护消费者的隐私和信息安全等。只有遵守法律法规与行业规范，才能树立良好的企业形象和口碑，赢得消费者的信任和支持。

综上所示，在农村电子商务中，进行网店商品销售时需要精准定位目标客户群体、注重商品质量与服务、合理利用各种营销与推广手段、注重口碑营销与品牌建设、持续跟踪与调整营销与推广策略、遵守法律法规与行业规范。

案例链接

皮山县电商产业崛起与乡村直播电商的繁荣

2018 年，皮山县争取到国家级电子商务进农村综合示范项目，开始正式进军电商产业。从 2019 年开始，皮山县与顺丰、中通、韵达等快递公司对接，打通快递“最后一千米”，在乡镇建立快递点，在村里设置电商站点，在满足当地群众网购需求的同时，也给电商从业者铺就了一条康庄大道。

截至 2023 年 12 月，皮山县共有各类电商企业 40 余家，在各平台共开设网店 230 余家，每个乡镇都有电商从业者，全年网络交易额超 3 亿元，实现了电商产业遍地开花。

在农村电子商务大会上，新疆 7 个个人案例入选年度农村直播电商案例库，昭苏县李阳个人案例获全国第 4 名、奇台县成红玉个人案例获全国第 22 名，皮山县郑辉、昭苏县李阳获得“首批农村直播电商公益讲师”称号。“2023 年，我和丈夫一起追着昭苏的牧民姑娘，先后 7 次记录了牧民转场的过程，也让我看到了牧民真实的生活状态。”昭苏县电商达人李阳说，她这次参加农村电子商务大会的案例作品是《搬来搬去的毡房姑娘》。

李阳接触电商的时间并不长，2021 年，她和丈夫一起加入昭苏县自媒体矩阵，成为一名自媒体达人，专职从事电商行业。

为了让更多粉丝记住自己，李阳决定把关注点放在农牧业上。蓝天、白云、草原……凭借唯美的拍摄和精良的后期制作，她很快就受到网友的追捧。2022 年和 2023 年，李阳通过网络销售当地的牛肉干、奶茶粉、奶疙瘩等产品，销售额超 400 万元。

成红玉出生在甘肃陇南，2016 年大学毕业后来到新疆，应聘到奇台县半截沟镇腰站子村村办企业——新疆丰驿农业发展有限公司。2023 年 6 月，公司将电商部的工作交给成红玉负责，她主动激活了公司的抖音账号，经过 3 个月的准备后，公司抖音号“腰站子粮油旗舰店”正式上线。照相机、三脚架、笔记本电脑，这是成红玉的标配，她在腰站子村的田间地头、面粉厂车间用一个又一个镜头记录面粉生产过程。通过她的努力，短短 3 个月的时间，仅通过抖音号就销售了 100 多万元的产品。“现在电商是企业发展的必经之路，也是年轻人创业的好机会，今年我计划把销售额再翻一番。”成红玉说。“背景太假哥”带动本土主播“红”起来，美食主播“浓眉哥”把新疆的美好传播出去……还有更多的电商从业者依托个人 IP 成功“出圈”。

经验启示：皮山县电商产业的崛起和乡村直播电商的繁荣，不仅为当地经济注入了新活力，还通过李阳、成红玉等电商达人的成功案例，展示了个人 IP 在电商行业中的巨大潜力。他们的经验告诉我们，只要抓住机遇、勇于创新，将传统行业与互联网相结合，就能够创造出无限可能。同时，电商行业的发展也为年轻人提供了更多的创业机会，促进了乡村经济的多元化发展。

知识拓展

网店运营的小技巧

技巧 1：开通直通车，进行产品推广。直通车是淘宝卖家的最爱，它能带来很多流量，2颗心的信誉就可以开通直通车，不过建议上钻后再开通直通车，因为直通车真的很“烧钱”。

技巧 2：店铺装扮简约化（其他类目除外）。店铺的装扮要简约、干净，不需要花里胡哨。注意，色彩也会对买家有所影响。

技巧 3：商品信息和封面的具体化。商品信息最好采用图文+视频的方式展示，让买家快速了解商品信息。商品封面一定要拍得美观，并且附上 LOGO，不需要太多的文字描述，不要给买家造成一种看到广告的感觉，这样容易降低买家的关注度。

技巧 4：客服咨询系统完善。设置客服咨询系统，如果没有客服经验，则不要自己操作，客服人员一定要找有经验的专业人士担任，可以通过第三方公司寻找合适的客服人员。好的服务可以提升客户的好感度。

技巧 5：客户后期追踪调查。大多数商家在完成一个交易之后，就感觉结束了，这个想法是错误的。在完成一个交易之后，还应该关注客户的物流情况，及时询问客户是否收到商品及对商品的满意度等，可通过在线客服发起聊天、发送站内消息等方式与客户沟通。这样做，可以拉近与客户的距离，增加客户的复购率。

技巧 6：及时查看同行信息，避免信息被窃取。一些店铺可能会遇到同行盗取商品图片和信息的情况，所以养成查看同行信息的习惯是必要的。当发现信息被盗取时，应该第一时间进行截图，保留相关证据，并且及时向平台反映。同时，要养成在商品图片上加水印和 LOGO 的习惯，这样可以降低图片被盗的风险。

学习笔记

一、任务概览

本任务主要介绍了网店商品的销售技巧、网店商品的营销与推广、网店商品销售的注意事项等内容。通过学习这些知识，可以改善网店商品的销售情况，提升客户满意度，进而推动农村电子商务的发展。

二、核心知识点

网店商品的销售技巧：商品描述要精准、进行合理定价、采用促销手段、提供优质的客户服务。

网店商品的营销与推广：市场调研与定位、编制营销与推广计划、店铺美化与优化、实施营销与推广活动、监控与评估推广效果、持续优化与改进。

网店商品销售的注意事项：精准定位目标客户群体、注重商品质量与服务、合理利用各种营销与推广手段、注重口碑营销与品牌建设、持续跟踪与调整营销与推广策略、遵守法律法规与行业规范。

三、学习感悟

学习本任务内容后，我们可体会到掌握网店商品销售的必备技巧在农村电子商务中的重要性。这些技巧不仅可以帮助我们更好地展示商品、吸引客户，还可以提高销售效果。

此外，我们要认识到优质的服务是网店商品销售中不可或缺的一部分。只有提供热情、周到的服务，才能赢得客户的信任和支持，进而推动网店的发展。

拓展练习

一、选择题

1．搜索引擎优化（SEO）的主要目的是（　　）。

A．提高网上店铺的知名度　　B．提升店铺在搜索引擎中的可见度和排名

C．增加店铺的外部链接　　D．优化店铺的购物流程

2．（　　）不属于网上店铺营销与推广的实施策略。

A．搜索引擎优化　　B．社交媒体营销

C．线下广告宣传　　D．内容营销

3．在进行网上店铺推广时，农村电商应充分利用（　　）营销手段。

A．电视广告　　B．电子邮件

C．广播宣传　　D．报纸广告

4．在进行网上店铺营销与推广时，口碑营销的重要性体现在（　　）。

A．提高产品质量　　B．增加销售额

C．吸引更多潜在客户　　D．优化购物流程

5．在进行网上店铺营销与推广时，农村电商应遵守（　　）。

A．行业道德规范　　B．个人兴趣爱好

C．市场竞争规则　　D．个人经验

二、填空题

1．搜索引擎优化是指通过优化店铺网页结构、提高________、增加外部链接等方式，提升店铺在搜索引擎中的可见度和排名。

2．社交媒体营销是指通过社交媒体平台，如微信、微博、________等，发布店铺动态、

产品信息、优惠活动等内容。

3. 网上店铺推广与营销的具体步骤包括市场调研与定位、编制营销与推广计划、店铺美化与优化、实施推广与营销活动、________以及持续优化与改进。

4. 农村电商在进行网上店铺营销与推广时，需要注重________与服务。

5. 在进行网上店铺营销与推广时，农村电商应严格遵守国家法律法规和________。

三、简答题

1. 简述搜索引擎优化的定义及其作用。
2. 社交媒体营销在网上店铺营销与推广中的作用是什么？
3. 内容营销是如何吸引潜在客户的？
4. 在进行网上店铺营销与推广时，农村电商应如何注重口碑营销与品牌建设？
5. 网上店铺营销与推广需要持续优化与改进的原因是什么？

模块考核评价

一、考核评价目标

本模块考核评价主要评估学生在营销与推广方面的能力。

市场分析与定位能力：准确分析农村电子商务市场的特点、趋势和竞争态势，为农产品制定合适的市场定位和推广策略。

营销与推广策略制定能力：根据市场分析结果，结合农产品优势，制定具体、可行的营销与推广策略，包括线上和线下的营销与推广方式。

营销与推广活动策划与执行能力：策划并执行有效的营销与推广活动，如促销、打折、团购、秒杀等，吸引消费者关注并提升农产品销量。

营销与推广效果评估能力：运用数据分析工具和方法，对营销与推广活动的效果进行定量和定性评估，为后续策略调整提供依据。

二、考核评价标准

市场分析与定位的准确性和深度：评估学生对农村电子商务市场的认知程度及定位的合理性。

营销与推广策略的针对性和创新性：评估学生制定的营销与推广策略是否紧密结合农产品特点，是否具有创新性和实用性。

营销与推广活动策划与执行的实效性：评估学生策划的活动是否能有效吸引消费者，提升农产品知名度和销量，以及评估学生执行活动策划的顺畅程度。

营销与推广效果评估的科学性和客观性：评估学生对营销与推广效果进行评估的方法是

否科学、合理，评估的结果是否客观、准确。

三、考核评价方法

市场分析与定位报告：要求学生提交一份关于农村电子商务市场的分析报告，包括市场特点、趋势、竞争态势、农产品的市场定位及营销与推广策略。

营销与推广策略方案：要求学生根据市场分析结果，制定一份具体的营销与推广策略方案，包括目标市场、推广方式、预期效果等。

营销活动策划书与执行记录：要求学生策划一场针对农产品的营销活动，并提交活动策划书与执行记录，包括活动目标、内容、实施步骤、效果评估等。

营销与推广效果评估报告：要求学生运用数据分析工具和方法，对营销与推广活动的效果进行评估，并提交评估报告，包括数据收集、分析方法、评估结果及改进建议等。

四、考核评价结果反馈

个人反馈：针对学生的各项任务完成情况，提供具体的反馈意见和改进建议，帮助他们提升营销与推广能力。

整体反馈：对整个班级的考核评价结果进行汇总和分析，总结学生在营销与推广方面的普遍问题和优秀经验，为今后的教学提供改进依据。

优秀案例展示：将优秀的学生作品进行展示和分享，包括市场分析与定位报告、营销与推广策略方案、营销活动策划书与执行记录及营销与推广效果评估报告等，激励其他学生学习和借鉴优秀经验。

模块六

农村电子商务客服管理

模块导读

随着农村电子商务的蓬勃发展，客服管理作为消费者与农产品之间的重要环节，重要性日益凸显。优质的客服管理不仅能够提升消费者满意度，还能够塑造品牌形象，促进销售增长。本模块将带领大家深入探索农村电子商务客服管理的内涵与价值，揭示其在农村电子商务发展中的关键作用。

农村电子商务客服管理的核心是为消费者提供高效、专业、友好的服务。在这个过程中，客服人员需要掌握丰富的产品知识，熟悉各种交易流程，以便快速准确地解答消费者的咨询和提问。

本模块旨在帮助读者对农村电子商务客服管理有一个全面的认识。我们将详细阐述客服管理的理念、原则和方法，并结合实际案例进行深入剖析。通过学习和实践，读者将能够掌握农村电子商务客服管理的核心技能和知识，为农村电子商务的持续发展贡献自己的力量。

学习目标

知识目标

1. 掌握农村电子商务客服管理的基本概念、原则及其在整个电商体系中的作用。
2. 了解客服管理的流程，包括售前咨询、售中服务及售后支持等关键环节。
3. 学习消费者行为和心理学的基础知识，以便更好地理解和服务消费者。
4. 熟悉农村电子商务中常见的客服工具和系统，了解其功能和使用方法。

技能目标

1. 培养有效的沟通技巧，能够准确、快速地回应消费者的问题和需求。

2. 学会使用各种客服工具和系统，提高处理问题的效率。

3. 培养分析问题和解决问题的能力，能够独立处理各种客服场景中的复杂问题。

4. 掌握消费者满意度调查和分析的方法，能够运用数据优化客服流程和服务质量。

素养目标

1. 提升对农村电子商务客服管理重要性的认识，增强服务意识和责任感。

2. 培养耐心、细心和同理心，能够真诚、友好地对待每一位消费者。

3. 树立团队合作精神，能够与其他部门协同工作，共同提升整体服务水平。

4. 养成持续学习和自我提升的习惯，关注行业动态和最佳实践，不断提高自己的专业素养。

引导案例

从县域电商到电商经济的跨越

陕西省武功县是传统农业县，农产品“买难卖难”问题一直阻碍着农村经济的发展。为破解这一难题，武功县政府积极发展电商，探索“买西北、卖全国”的模式，立足武功，联动陕西，辐射西北，面向丝绸之路经济带，将武功打造成陕西农村电子商务人才培训地、农村电子商务企业聚集地、农产品物流集散地。

武功县目前已成为陕西省电商示范县，先后吸引西域美农、赶集网等 20 多家电商企业入驻发展，300 多个网店相继上线，全县电商日成交量超万单，日交易额达 100 多万元；10 余家快递公司先后落地，电商试点在 14 个村全面启动，让电子商务真正走进农村、惠及百姓。

启示：采用一套领导机构；遵循两个协会统筹协调；把握运营中心、物流体系、扶持机制三个关键；搭建电商孵化中心、产品检测中心、数据保障中心、农产品健康指导实验室四大平台；实施免费注册、免费提供办公场所、免费提供货源信息与个体网店免费上传产品、免费培训人员、在县城免费提供 Wi-Fi 五免政策。

知识学习

任务一　商品的售后服务

一、售后服务概述

在电子商务领域，售后服务是指在商品销售后，商家为消费者提供的各种服务，包括退换货、维修、咨询等。售后服务的质量直接影响着消费者的购物体验和忠诚度。对于农村电子商务而言，售后服务尤为重要，因为农村地区的消费者往往对电子商务的认知度较低，更需要商家的耐心指导和贴心服务。售后服务人员如图 6-1 所示。

图 6-1　售后服务人员

（一）售后服务的定义与重要性

售后服务是指在商品销售之后，商家为消费者提供的各项服务，包括但不限于退换货、维修保养、技术咨询、投诉处理等。

（二）农村电子商务售后服务的挑战

农村地区在电商售后服务上面临一系列挑战。首先，物流配送存在难题，由于地域广袤、交通不便，导致退换货等售后服务流程相对复杂且成本较高。其次，信息不对称，部分农村消费者对电商平台的操作不熟悉，难以有效利用售后服务资源。最后，农村地区的维修服务网点较少，一旦商品出现问题，维修难度较大。

（三）构建完善的售后服务体系

针对农村电子商务的特殊情况，构建完善的售后服务体系显得尤为重要。这包括以下几个方面。

建立高效的物流配送体系：通过合作或自建物流网络，优化配送路线，降低退换货等售后服务成本。

提供多样化的售后服务方式：除了传统的电话客服和在线客服，还可引入社交媒体、短视频等新型沟通渠道，以便更好地服务农村消费者。此外，还可以定期举办线下服务活动，如维修技能培训、产品使用指导等。

强化售后服务团队建设：培养一支专业、高效的售后服务团队，使其具备丰富的产品知识和良好的沟通技巧。

利用技术手段提升服务质量：运用大数据、人工智能等技术手段，对售后服务数据进行分析和挖掘，发现潜在问题并提前解决。

（四）售后服务的未来发展趋势

随着技术的不断进步和消费者需求的日益多样化，未来，农村电子商务的售后服务将呈现出以下发展趋势。

个性化服务：根据消费者的购物历史、使用习惯等信息，提供个性化的售后服务方案。

智能化服务：利用物联网、远程监控等技术手段，实现商品的实时状态监测和预警。一旦出现问题，就能自动触发维修或更换流程，提高服务的及时性和准确性。

社交化服务：将售后服务融入社交媒体等平台中，通过用户之间的互动和分享来解决问题。这不仅可以降低商家的服务成本，还能增强消费者的参与感和归属感。

售后服务在农村电子商务中占据举足轻重的地位。面对挑战和机遇并存的市场环境，农村电子商务从业者应积极探索创新型的售后服务模式，不断提升服务质量和效率，以赢得消费者的信赖和支持。

二、农村电子商务售后服务的重要性

农村电子商务作为连接城乡、促进农产品流通的重要桥梁，近年来得到了迅速发展。在这一进程中，售后服务作为电商交易的关键环节，对于农村电子商务的持续发展具有不可忽视的重要性。

（一）增强消费者的信任

在农村地区，由于信息不对称和传统购物习惯的影响，消费者对电子商务往往存在一定的疑虑。而优质的售后服务能够消除消费者的顾虑，增强他们对电商平台的信任。当消费者在购买农产品后享受到及时、专业的售后服务时，他们更有可能成为平台的忠实用户，从而推动农村电子商务的持续发展。

（二）提升品牌形象与口碑

在竞争激烈的电商市场中，品牌形象与口碑对于企业的长远发展至关重要。优质的售后服务是提升品牌形象与口碑的有效途径。通过提供满意的售后服务，电商企业能够树立负责任、可信赖的形象，进而吸引更多的潜在消费者。

（三）促进复购与增加销售额

良好的售后服务能够提升消费者的购物体验，使他们在未来的购物决策中更倾向于选择提供优质服务的电商平台。这种复购行为不仅增加了企业的销售额，还为企业带来了稳定的客户群体。在农村电子商务领域，复购率的提升对于企业的长期发展具有尤为重要的意义。

（四）降低客户获取成本

优质的售后服务有助于企业保留现有客户，降低客户获取成本。在农村地区，由于人口分散、信息传递相对滞后，新客户的获取往往需要投入更多的资源和成本。因此，通过提供优质的售后服务维护好现有客户关系，对于农村电子商务企业来说是一种更为经济、高效的经营策略。

（五）推动农村电子商务生态系统的发展

售后服务不仅关乎单个企业的利益，更对农村电子商务生态系统的整体发展产生深远的影响。优质的售后服务能够提升整个行业的服务水平和消费者的满意度，进而吸引更多企业和个人进入农村电子商务行业。这将有助于完善农村电子商务的产业链、提升整体竞争力，并推动农村经济的繁荣发展。

（六）应对市场变化与挑战

随着农村电子商务市场的不断成熟和消费者需求的日益多样化，售后服务在应对市场变化和挑战中的作用愈发凸显。通过持续改进和优化售后服务体系，农村电子商务企业能够更好地适应市场变化、满足消费者需求，并在激烈的市场竞争中保持领先地位。

综上所述，农村电子商务售后服务在增强消费者的信任、提升品牌形象与口碑、促进复购与增加销售额、降低客户获取成本、推动农村电子商务生态系统的发展、应对市场变化与挑战等方面都具有重要性。因此，农村电子商务企业应充分重视售后服务的建设与管理，不断提升服务质量和效率，为农村电子商务的持续发展提供有力保障。

三、农村电子商务售后服务的策略

农村电子商务的崛起为农村市场带来了新的商机和挑战。在这一进程中，售后服务作为电商交易的关键环节，对于维护消费者权益、提升品牌形象及促进持续销售具有至关重要的作用。针对农村市场的特点和需求，制定有效的售后服务策略，是农村电子商务企业取得成功的关键，如赠送售后卡，如图 6-2 所示。

图 6-2 售后卡

（一）建立高效的物流配送体系

农村地区的人口分散和交通不便，使得物流配送成为农村电子商务售后服务的一大难题。为了解决这个问题，农村电子商务企业可以采取以下策略：一是与专业的物流公司合作，利用其覆盖广泛的物流网络，实现快速、准确的配送服务；二是建立自己的物流配送体系，通过优化配送路线、提高配送效率，降低售后服务成本；三是设立农村地区的集中收货点和退货点，简化退换货流程，提高售后服务效率。

（二）提供多样化的售后服务方式

农村消费者对电商平台的操作不熟悉，使得他们在享受售后服务时面临一定的困难。因此，农村电子商务企业需要提供多样化的售后服务方式，以满足不同消费者的需求。除了传统的电话客服和在线客服，还可以引入社交媒体客服、短视频教程等新型客服方式，帮助消费者更好地了解和使用产品。

（三）强化售后服务团队建设

专业的售后服务团队是农村电子商务企业提供优质售后服务的基础。因此，农村电子商务企业需要加强售后服务团队建设，培养一支具备丰富产品知识和良好沟通技巧的团队。通过定期的培训和考核，增强团队成员的服务意识和专业能力。

（四）利用技术手段提升服务质量

随着科技的不断发展，农村电子商务企业可以利用大数据、人工智能等技术手段提升售后服务质量。通过分析消费者购物历史、使用习惯等数据，为消费者提供更加个性化的售后服务。

（五）建立完善的售后服务制度

制度是保障农村电子商务售后服务质量的重要保障。农村电子商务企业需要建立完善的售后服务制度，包括退换货制度、维修保养制度、投诉处理流程等。通过制度的规范和约束，确保售后服务工作的顺利开展和消费者权益的有效保障。

（六）加强与消费者的沟通与互动

沟通与互动是提升农村电子商务售后服务质量的重要手段。农村电子商务企业需要加强与消费者的沟通与互动，及时了解消费者的需求和反馈，积极解决消费者的问题和困难。通过问卷调查、在线留言等方式，收集消费者的意见和建议，不断改进和优化售后服务工作。

农村电子商务售后服务的策略制定需要从物流配送、服务方式、团队建设、技术手段、制度保障及沟通与互动等多个方面入手。只有全面考虑并付诸实践，才能推动农村电子商务售后服务的质量不断提升，使消费者的满意度持续提高。

四、农村电子商务售后服务的实施步骤

（一）建立专业的售后服务团队

售后服务团队是开展售后服务工作的核心。在农村电子商务中，首先应组建一支专业的

售后服务团队，团队成员需具备良好的沟通技巧、专业的产品知识和解决问题的能力。同时，团队成员还需要对农村市场有深入的了解，以便更好地为农村消费者提供服务。

（二）制定明确的售后服务流程

明确的售后服务流程是提供高效服务的基础。售后服务流程应包括问题报告、问题诊断、解决方案提供、解决方案执行和反馈跟踪等环节。针对农村市场的特点，流程设计需简洁明了，便于消费者理解和操作。

（三）提供多样化的售后服务方式

农村市场的消费者可能面临交通不便、信息不畅等问题，因此提供多样化的售后服务方式至关重要。除了传统的电话、邮件咨询，还可以利用社交媒体、在线客服等方式，为消费者提供更加便捷的服务渠道。

（四）加强售后服务人员的培训

售后服务人员的专业水平和服务态度直接影响到消费者的满意度。因此，应定期对售后服务人员进行产品知识、服务技巧等方面的培训，以提升他们的专业素养和服务能力。同时，还应注重培养服务人员的责任心和主动服务意识。

（五）建立完善的售后服务跟踪与反馈机制

为了确保售后服务的质量，需要建立完善的跟踪与反馈机制。在提供服务后，应主动向消费者收集反馈意见，及时了解服务效果，并针对问题进行改进。此外，还可以利用大数据等技术手段，对消费者的购物行为、服务需求等进行分析，以提供更加精准、个性化的售后服务。

（六）建立与农村消费者的紧密联系

为了更好地了解农村消费者的需求，应与他们建立紧密的联系。可以通过定期回访、问卷调查等方式，收集消费者对售后服务的意见和建议。同时，还可以利用社交媒体等平台，发布售后服务方法、教程等信息，帮助消费者更好地了解和使用售后服务。

（七）不断优化售后服务策略

售后服务需要持续优化。在实施售后服务的过程中，应不断总结经验，发现问题，并针对问题进行改进。同时，还应关注行业发展趋势和消费者需求变化，及时调整售后服务策略，以满足农村消费者的实际需求。

总体来说，农村电子商务售后服务的实施步骤包括建立专业的售后服务团队、制定明确的售后服务流程、提供多样化的售后服务方式、加强售后服务人员的培训、建立完善的售后服务跟踪与反馈机制、建立与农村消费者的紧密联系、不断优化售后服务策略等。通过这些步骤，可以有效地提升农村电子商务售后服务的质量，为消费者提供更好的购物体验。

五、农村电子商务售后服务面临的挑战及解决方案

农村电子商务在迅速发展的同时，其售后服务环节也面临着诸多挑战。这些挑战主要来

源于农村地区特殊的地理环境、经济条件，以及农村消费者的消费习惯和信息技术应用水平等方面。为推动农村电子商务的健康发展，必须正视这些挑战，并提出切实可行的解决方案。

（一）面临的挑战

物流配送存在难题：农村地区地广人稀，交通不便，导致物流配送成本高且效率低下。尤其是在偏远山区，快递难以到达，退换货过程复杂，严重影响了消费者的购物体验。

信息不对称：农村消费者对电商平台的认知有限，对售后服务规则、流程等了解不足，容易产生误解和纠纷。

服务设施落后：农村地区的服务设施相对落后，缺乏专业的维修点和技术人员，导致售后维修困难。此外，部分地区的网络覆盖不全，也影响了在线售后服务的开展。

消费者维权意识薄弱：由于法律知识普及不足，农村消费者的维权意识相对薄弱，面对售后问题往往选择忍气吞声，而不是积极维护自己的权益。

（二）解决方案

优化物流配送体系：政府应加大对农村物流基础设施的建设投入，提高农村地区的交通通达度。

加强信息沟通与教育：电商平台应积极开展农村电子商务教育活动，提升消费者对电商的认知度和操作技能。

完善服务设施：政府和企业应共同努力，完善农村地区的服务设施，包括增设维修点、培训专业技术人员、完善网络覆盖等，为消费者提供更加快捷、高效的售后服务。

增强消费者维权意识：政府和社会组织应加强对农村消费者的法律知识普及和维权教育，增强他们的维权意识。

创新售后服务模式：针对农村地区的特殊情况，电商平台可创新售后服务模式。例如，推出“以旧换新”“延保服务”等特色服务，满足农村消费者的实际需求；利用大数据、人工智能等技术手段，实现远程故障诊断和维修指导等。

农村电子商务售后服务面临的挑战虽然多样且复杂，但只要我们正视问题、积极应对，就一定能够找到有效的解决方案。通过政府、企业和社会各界的共同努力，我们相信农村电子商务的售后服务水平将不断提升，为农村经济的发展注入新的活力。

案例链接

手机作为“新农具”，直播成了“新农活”

——农村“电商达人”，把土特产变成“网红”

贾玉花大学毕业回到家乡甘肃省陇南市武都区裕河镇孙家湾村，看到大山深处的原生态茶叶、土蜂蜜等农特产品因山高路远而销售困难，她便学着做起了电商。

架起手机，田地就是直播间，土特产变身“网红尖货”。随着乡村振兴战略的实施和农村电子商务的发展，一批掌握数字技术、具有互联网思维的人才在农村扎根，成为“电商达人”。

专家认为，这些农村“电商达人”为探索农业新业态、促进传统农业转型注入了新活力，是“三农”发展的又一支生力军。

农村电子商务的快速发展，得益于数字乡村建设的巨大成效。中国互联网络信息中心统计数据显示，我国现有行政村已实现“村村通宽带”，网络普及推动了乡村产业新业态、新模式和农村“电商达人”的出现。中国劳动和社会保障科学研究院发布的《数字生态就业创业报告》显示，数字生态正持续吸纳包括乡村青年在内的各类群体就业创业，公众号从业者有65.7%出生于县城、乡镇、农村区域；小程序从业者有72.9%出生于县城、乡镇、农村区域。

专家认为，发展农村电子商务，需要吸引一批创新创业人才。对有志于返乡创业的农村青年、大学毕业生和拥有电商知识、实践经验的电商从业者来说，一个地方能否提供强有力的优惠政策和干事创业的平台至关重要。地方应围绕“电商进农村”，在金融服务、用地用电、物流运输、社会保障等方面给予扶持，同时推进电商人才与企业、就业基地对接，为其解除后顾之忧。

经验启示：农村电子商务的兴起，展示了数字技术赋能乡村振兴的广阔前景。通过“新农具”手机和“新农活”直播，农特产品变身“网红”，为农民打开了新销路。这要求地方政府积极支持，提供优惠政策与平台，吸引并培养电商人才，推动农业新业态发展，助力“三农”迈向新高度。

知识拓展

“绿野仙踪”电商平台

位于浙江省某山区的“绿野仙踪”电商平台，专注于销售当地特色农产品。由于地处偏远，交通不便，该平台在初期面临诸多挑战，其中之一就是售后服务。然而，通过不断创新和优化，“绿野仙踪”电商平台成功打造了独具特色的农村电子商务售后服务体系。

“绿野仙踪”电商平台深知售后服务对于消费者的重要性，因此特别设立了专门的售后服务团队。团队成员均经过专业培训，熟悉各种农产品的特性和储存方法，能够针对消费者提出的问题给予专业、及时的解答。此外，平台还建立了完善的售后服务流程，从消费者提出问题到问题解决，每一步都有明确的操作规范和时间节点。

在实际运营中，“绿野仙踪”电商平台特别注重与消费者的沟通和互动。每当消费者在购买过程中遇到问题，无论是产品质量、物流运输还是使用方法等，售后服务团队都会第一时间与消费者取得联系，详细了解情况，并给出相应的解决方案。如果问题较为复杂或需要实地解决，那么平台还会安排专人前往消费者所在地进行处理。

除了常规的售后服务，“绿野仙踪”电商平台还开展了一系列增值服务。例如，平台会定期向消费者推送农产品养护、烹饪技巧等内容，帮助消费者更好地了解和使用产品。同时，平台还建立了会员制度，为会员提供更多的优惠和福利。

通过上述措施，“绿野仙踪”电商平台成功打造了一个高效、专业的农村电子商务售后服务体系，赢得了消费者的广泛好评和信任。如今，该平台已经成为当地农产品电商的佼佼者，为当地经济发展做出了积极贡献。

学习笔记

一、任务概览

本任务主要介绍了在农村电子商务中商品的售后服务，包括重要性和策略等内容。售后服务作为电商交易流程中的关键环节，对于维护消费者权益、提升品牌形象和促进二次销售具有至关重要的作用。

二、核心知识点

售后服务的定义与重要性：售后服务是指在商品销售后，商家为消费者提供的各项服务，包括退换货、维修、咨询等。良好的售后服务能够提升消费者的满意度，增强消费者对品牌的忠诚度，进而促进企业的可持续发展。

售后服务的策略：本任务介绍了多种售后服务策略，如建立完善的售后服务制度、加强与消费者的沟通与互动等。这些策略旨在满足消费者多样化的需求，提升售后服务质量。

售后服务的挑战与解决方案：在农村电子商务中，售后服务面临着诸多挑战，如地广人稀、交通不便等。针对这些挑战，本任务提出了相应的解决方案，如利用互联网技术建立远程服务平台、与当地服务商合作等。

三、学习感悟

学习本任务内容后，我们能深刻认识到商品的售后服务在农村电子商务中的重要性。售后服务不仅关乎消费者的权益保障，更是企业品牌形象和口碑建设的关键环节。特别是在农村地区，由于人口分散和物流不便等因素，售后服务显得尤为重要。

拓展练习

一、选择题

1．在电子商务领域，售后服务不包括（　　）。

A．退换货　　B．维修

C．咨询　　D．销售

2．农村电商售后服务面临的主要挑战不包括（　　）。

A. 物流配送难题　　B. 信息不对称问题
C. 维修服务网点较多　　D. 消费者维权意识薄弱

3. (　　) 不属于构建完善的农村电商售后服务体系的措施。
A. 建立高效的物流配送体系　　B. 提供传统的电话客服
C. 强化售后服务团队建设　　D. 忽视社交媒体等新型沟通渠道

4. (　　) 不是农村电商售后服务的重要性。
A. 降低客户获取成本　　B. 提升销售额
C. 增加企业运营成本　　D. 推动农村电商生态系统的发展

5. (　　) 不属于农村电商售后服务面临的挑战的解决方案。
A. 优化物流配送体系　　B. 加强信息沟通与教育
C. 提升城市服务设施建设　　D. 增强消费者维权意识

二、填空题

1. 售后服务的质量直接影响消费者的________和忠诚度。
2. 农村地区消费者往往对电子商务的认知度较低，更需要商家的________和贴心服务。
3. 优质的售后服务能够消除消费者的顾虑，增强他们对电商平台的________感。
4. 随着科技的不断发展，农村电商企业可以利用________、人工智能等技术手段提升售后服务的质量。
5. 在商品的售后服务过程中，商家应遵循________、公平、尊重的原则，为消费者提供优质的售后服务。

三、简答题

1. 简述农村电商售后服务面临的挑战。
2. 如何构建完善的农村电商售后服务体系？
3. 农村电商售后服务的重要性体现在哪些方面？
4. 农村电商企业应如何优化售后服务策略？
5. 简述农村电商售后服务的未来发展趋势。

知识学习

任务二　完善网店的售后服务工作

随着农村电子商务的快速发展，越来越多的农产品和特色商品通过网店销售到全国各地。在这一过程中，售后服务作为保障消费者权益和提升消费者满意度的重要环节，显得尤为重要。完善网店的售后服务工作，不仅能够提高消费者的满意度，还能为网店树立良好的口碑，促进业务的持续发展。

一、网店售后服务的重要性

（一）提升消费者购物体验与满意度

网店售后服务是消费者购物体验的重要组成部分。当消费者在购买过程中遇到问题或需要帮助时，及时得到专业解答或有效解决方案将大幅提升消费者的购物体验。满意的售后服务往往能够弥补商品本身的瑕疵，使消费者对整个购物过程感到满意。

（二）树立品牌形象与口碑

优质的售后服务是网店树立品牌形象的重要途径。通过提供热情、周到的售后服务，网店能够给消费者留下专业、负责、可信赖的印象。这种正面形象不仅有助于吸引更多潜在消费者，还能够通过口碑传播，进一步扩大网店的影响力。

（三）培养忠诚客户与促进复购

良好的售后服务有助于培养忠诚客户。当消费者对网店的售后服务感到满意时，他们更有可能在未来再次选择该网店进行购物。这种复购行为不仅增加了网店的销售额，还降低了客户获取成本。

（四）降低退换货率与纠纷处理成本

优质的售后服务能够及时发现并解决消费者在购买过程中遇到的问题，从而降低退换货率。退换货率的降低不仅减少了网店的成本损失，还提高了运营效率。

（五）推动网店持续改进与创新

售后服务帮助网店与消费者直接沟通。通过收集和分析消费者的反馈意见，网店能够及时发现商品和服务存在的问题，进而进行改进与创新。这种持续改进与创新的态度不仅有助于提升网店的竞争力，还能够更好地满足消费者的需求，实现双赢。

（六）增强网店在激烈竞争中的优势

农村电子商务市场的竞争日益激烈，优质的售后服务成为网店在竞争中脱颖而出的关键因素。提供比竞争对手更加优质、高效的售后服务，将有助于网店吸引更多消费者，占据更大的市场份额。

为了推动农村电子商务的健康发展，网店必须重视售后服务建设，不断提升服务质量和效率，为消费者提供更加优质、便捷的购物体验。

二、完善网店售后服务工作的策略

（一）建立健全售后服务体系

网店应建立一套完善的售后服务体系，包括服务流程、服务标准、服务团队等。服务流程应清晰明确，涵盖从订单确认、物流配送、退换货处理到售后维修等各个环节。服务标准应具体可行，确保消费者在遇到问题时能够得到及时、专业的解决。

（二）优化物流配送服务

针对农村地区交通不便、配送成本高等问题，网店应与物流公司紧密合作，优化物流配送服务。通过合理规划配送路线、提高配送效率，降低售后服务成本。

（三）增强售后服务意识和专业技能

网店应加强对售后服务人员的培训和管理，增强他们的服务意识和专业技能。通过定期培训和考核，确保服务人员能够熟练掌握产品知识、售后服务标准和沟通技巧。

（四）利用技术手段提升服务质量

借助互联网和信息技术手段，网店可以进一步提升售后服务质量。例如，利用大数据分析消费者的购物习惯和反馈，为他们提供更加个性化的售后服务。通过智能化客服系统实现快速响应并自动化处理常见问题，提高服务效率。此外，还可以利用社交媒体和短视频等平台发布产品使用教程和维修指导等内容，帮助消费者更好地了解和使用产品。

（五）建立完善的客户档案与回访机制

网店应为每位消费者建立详细的客户档案，记录他们的购物历史、使用习惯等信息。通过定期回访，了解消费者的需求和意见，及时发现并解决潜在问题。

（六）加强与消费者的沟通与互动

沟通与互动是提升售后服务质量的关键环节。网店应积极回应消费者的咨询和意见，确保他们的声音能够被听到并得到重视。通过在线客服、社交媒体等渠道与消费者保持紧密联系，及时了解并解决消费者提出的问题。

三、实施步骤与注意事项

（一）实施步骤

1．明确售后服务目标和标准

首先，网店需要明确售后服务目标和标准，包括服务范围、服务时间、退换货规则等。这些标准应清晰明了、易于理解，以便在交易过程中为消费者提供明确的指引。

2．组建专业售后服务团队

网店应组建一支专业的售后服务团队，负责处理咨询、投诉和退换货等事宜。售后服务团队成员应具备良好的沟通能力和服务意识，能够耐心解答消费者的提问，并提供有效的解决方案。

3．建立售后服务流程与规范

为确保售后服务的高效性和规范性，网店需要建立售后服务流程和规范。这些流程和规范应涵盖消费者咨询、问题反馈、退换货处理、维修与保养等各个环节，确保每个问题都能得到及时、专业的处理。

4．搭建在线售后服务平台

为方便消费者随时随地获取售后服务，网店应搭建在线售后服务平台，如官方网站、手机 APP、微信公众号等。这些平台应提供在线咨询、问题反馈、退换货申请等功能，实现售后服务的便捷化和智能化。

5．定期评估与改进售后服务质量

网店应定期对售后服务质量进行评估，收集消费者的反馈意见，针对存在的问题进行改进。通过不断优化服务流程、提升服务团队能力、引入新的服务手段等方式，不断提升售后服务质量。

（二）注意事项

1．保持与消费者的良好沟通

在进行售后服务的过程中，网店应始终与消费者保持良好的沟通。无论是解答问题还是处理投诉，都应耐心倾听消费者的诉求，积极回应他们的关切，确保消费者的权益得到充分保障。

2．严格遵守售后服务承诺

网店在售后服务中应严格遵守承诺，按照既定的服务标准和流程为消费者提供服务。对于退换货、维修等事宜，应按照规定的时间和要求进行处理，避免拖延和推诿。

3．关注消费者体验与需求变化

随着市场环境的变化和消费者需求的升级，网店应密切关注消费者体验与需求的变化。通过收集和分析消费者反馈的意见，及时调整和完善售后服务策略，以满足消费者的期望和需求。

4．强化售后服务人员培训与管理

网店应加强对售后服务人员的培训与管理，增强他们的专业素养和服务意识。通过定期培训和考核，以及采取激励措施，激发团队成员的积极性和创造力，为消费者提供更加优质的服务。

完善网店售后服务工作需要遵循明确的实施步骤并关注相关事项。通过持续改进和创新，网店可以不断提升售后服务水平，为农村电子商务市场的健康发展贡献力量。

四、面临的挑战与解决方案

农村电子商务的发展为农民提供了更为广阔的购物选择，然而，在完善网店售后服务工作的过程中，农村电子商务面临着多方面的挑战。

（一）面临的挑战

1．人口分散带来服务难度提升

农村地区地域广阔、人口分散，这导致网店在提供售后服务时面临距离远、成本高的难题。尤其是当产品需要维修或退换货时，长途物流成本和时间成本都会成为制约因素。

2．信息不对称

农村地区的消费者往往对电商平台操作、售后服务标准等了解不足，这导致在购物过程中容易出现信息不对称的情况。消费者对售后服务的期望与实际服务之间可能存在差距，进而引发纠纷。

3．基础设施与物流体系不足

农村地区的交通、通信等基础设施相对薄弱，物流体系也不如城市完善。这直接影响到网店售后服务的及时性和有效性，尤其是在退换货、维修时，问题很突出。

4．服务团队的建设与管理存在难度

组建一支专业的售后服务团队并对其进行有效管理，对于农村电子商务网店来说是一项挑战。这涉及人员招聘、培训、考核等多个环节，而农村地区的人才资源相对匮乏，增加了团队建设的难度。

（二）解决方案

1．利用技术手段提升服务效率

通过引入先进的技术手段，如大数据分析、人工智能客服等，网店可以更加精准地了解消费者的需求，提供个性化的售后服务。

2．开展消费者教育与加强信息沟通

网店应积极开展消费者教育，通过线上线下相结合的方式，向农村消费者普及电商知识和售后服务标准。

3．优化物流配送体系与合作模式

针对农村地区的特殊情况，网店可以与物流公司合作，建立更加高效、灵活的物流配送体系并根据实际情况进行优化。例如，通过设置农村集中配送点、利用村民互助等方式，降低物流成本并提高配送效率。

4．强化服务团队建设与管理

在团队建设方面，网店可以通过校园招聘、社会招聘多种渠道吸引人才，并为员工提供系统的培训和晋升机会。在管理方面，建立完善的考核机制和激励机制，激发员工的积极性和创造力。

5．创新售后服务模式与策略

针对农村市场的特点，网店可以创新售后服务模式和策略。例如，推出适合农村地区的延长保修服务、定期巡检服务等，以满足消费者的实际需求并提升购物体验。

虽然在农村电子商务中完善网店的售后服务工作面临着多方面的挑战，但是我们可以通过利用技术手段提升服务效率、开展消费者教育与加强信息沟通、优化物流配送体系与合作模式、强化服务团队建设与管理、创新售后服务模式与策略等积极地应对挑战，并推动农村电子商务健康发展。售后服务流程如图 6-3 所示。

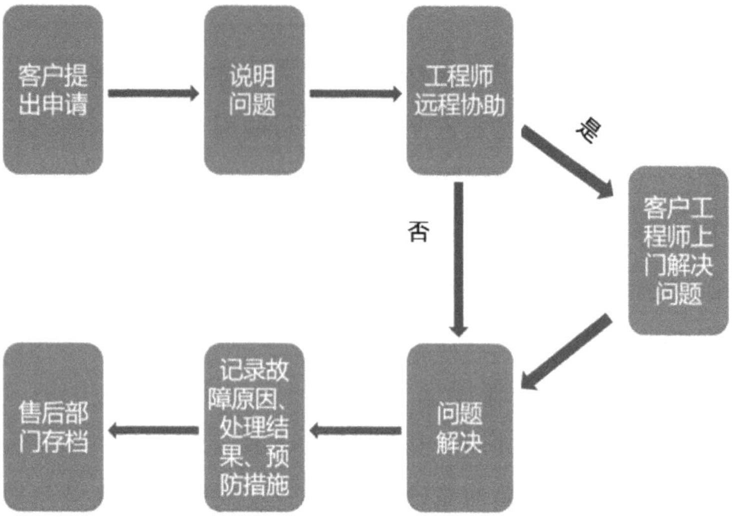

图 6-3　售后服务流程

案例链接

京东快速响应与高效服务

在 2022 年，随着电子商务的迅猛发展，售后服务逐渐成为各大电商平台竞争的新焦点。在众多案例中，京东的售后服务在 2022 年尤为引人注目，其案例不仅彰显了电商平台对消费者权益的重视，同时也展现了其服务的高效性和专业性。

2022 年 3 月，京东推出了一项名为“放心换”的售后服务政策。该政策承诺，消费者在购买特定商品后，若不满意，可在 30 天内无理由退货，并且在 7 天内可享受上门取件服务。这一政策的推出，旨在进一步提升消费者的购物体验，减少因退换货流程繁琐而产生的不便。

在“放心换”政策推出后不久，一位消费者在京东平台上购买了一台价值 5000 元的笔记本电脑。然而，收到货后，该消费者发现其存在兼容性问题，无法与他现有的办公软件完美兼容。根据“放心换”政策，消费者在与京东客服沟通后，迅速启动了无理由退货流程。

以下为该笔记本电脑退货真实数据：

退货申请提交时间：2022 年 3 月 15 日 14:30。

客服响应时间：2022 年 3 月 15 日 14:35。

上门取件预约时间：2022 年 3 月 15 日 15:00。

上门取件实际时间：2022 年 3 月 15 日 16:10。

退款到账时间：2022 年 3 月 16 日 09:00。

由上述数据可以看出，从消费者提交退货申请到最终退款到账，整个过程仅用了不到 24 小时。京东的快速响应和高效处理，不仅让消费者感到满意，也体现了其对售后服务承诺的严格执行。

京东的“放心换”政策之所以能够迅速得到消费者的认可，主要得益于以下几个方面：

一是快速响应：京东客服团队能够在消费者提交申请后的 5 分钟内做出响应，这大大缩短了消费者的等待时间。

二是上门取件服务：京东提供上门取件服务，消费者无须自行将商品送至快递点，极大地方便了消费者。

三是退款效率：在确认退货后，京东能够在 12 小时内完成退款操作，确保消费者资金的快速回流。

四是服务透明化：京东通过平台实时更新退货进度，让消费者能够随时掌握自己的退货状态，增加了服务的透明度。

2022 年京东的“放心换”售后服务政策不仅为消费者提供了一个无忧购物的保障，也提升了整个电商平台的服务标准。通过真实的数据和高效的执行，京东成功地将售后服务转化为企业竞争力的一部分，为其他电商平台树立了良好的榜样。随着电商行业的不断进步，售后服务将成为企业赢得消费者和市场信任的关键。

知识拓展

要让百姓吃得放心　企业就要下“狠心”

生产让百姓真正放心的面粉、主食……谈何容易，放弃食品安全讲利润，不仅良心过不去，也会让企业因此蒙羞、无法翻身；若只讲食品安全不顾利润，企业也很难走得长远。如何在两者之间寻求发展，考验的是食品加工企业和企业负责人践行诚信经营的社会责任，以及积极探索、克服困难的智慧和勇气。

抬高标准，提高质量。面粉作为日常必不可少的基本食材，质量是否过硬直接关系到百姓的身体健康。作为食品加工企业负责人，西安爱菊粮油工业集团有限公司的贾合义 20 多年来始终坚持严格控制面粉改良剂。企业先后进行了粮、油生产设备升级改造，购置了先进检测设备，建立了优质小麦种植基地，实行“公司+科研+农户”的产、供、销一体化的运作模式，建立面粉产品质量管理制度，全方位、精细化地管理面粉质量。

放心小豆芽，盘活大市场。为了让百姓吃上“放心豆芽”，企业成立团队对规模化生产“放心豆芽”反复进行实验论证，豆芽生长不能见光，他们就建造专门的“黑房子”；生长环境含氧量不能过高，他们就用二氧化碳来控制；豆芽生长需要洁净水，他们就打深水井……“放心豆芽”大批量推向市场后，得到了当地百姓的普遍欢迎。

小馒头，大民生。为实现机械化生产“放心馒头”，企业前往北京、上海等地，行程 5 万余千米，进行馒头生产设备、馒头经营市场等方面的考察，攻克一系列难关，自主研制出我国第一台日加工面粉 1000 袋、日产 50 多万个“放心馒头”的大型智能化馒头生产线，从和面、发酵、搅拌、成型、蒸熟、冷却、包装等环节实现自动化。为防止馒头在运输过程中的二次污染，企业又推出一次性包装馒头，真正让百姓吃得放心。

学习笔记

一、任务概览

本任务主要介绍了在农村电子商务中如何完善网店的售后服务工作。内容涵盖了售后服务的重要性，以及完善网店售后服务工作的策略、实施步骤、注意事项等内容。

二、核心知识点

网店售后服务的重要性：优质的售后服务是提升消费者购物体验与满意度、树立品牌形象与口碑、培养忠诚客户与促进复购、降低退换货率与纠纷处理成本、推动网店持续改进与创新、增强网店在激烈竞争中的优势的关键因素。

完善网店售后服务工作的策略：建立健全售后服务体系、优化物流配送服务、增强售后服务意识和专业技能、利用技术手段提升服务质量、建立完善的客户档案与回访机制、加强与消费者的沟通与互动。

完善网店售后服务工作的实施步骤：明确售后服务目标和标准、组建专业售后服务团队、建立售后服务流程与规范、搭建在线售后服务平台、定期评估与改进售后服务质量。

完善网店售后服务工作的注意事项：保持与消费者的良好沟通、严格遵守售后服务承诺、关注消费者体验与需求变化、强化售后服务人员培训与管理。

三、学习感悟

通过本任务，我们要认识到售后服务在农村电子商务中的重要性。优质的售后服务不仅能够解决客户的问题，还能够为网店带来良好的口碑和更多的回头客。

此外，我们要意识到售后服务不仅仅是解决问题那么简单，它更是一次与客户深度互动的机会。通过优质的售后服务，我们可以更好地了解客户的需求和期望，为店铺的经营决策提供有力的支持。

拓展练习

一、选择题

1. 优质的售后服务对网店的重要性不包括（　　）。

   A. 降低网店的运营成本

   B. 提升消费者购物体验与满意度

   C. 培养忠诚客户与促进复购

   D. 树立品牌形象与口碑

2．在完善网店售后服务工作的策略中，（　　）不属于利用技术手段提升服务质量。

A．利用大数据分析消费者的购物习惯和反馈意见

B．通过智能化客服系统实现快速响应

C．利用社交媒体和短视频等平台发布产品使用教程

D．搭建在线售后服务平台

3．在实施步骤中，（　　）是网店首先需要做的。

A．组建专业售后服务团队　　B．明确售后服务目标与政策

C．建立售后服务流程与规范　　D．搭建在线售后服务平台

4．在完善网店售后服务工作时，面临的一个主要挑战是（　　）。

A．消费者需求升级　　B．基础设施与物流配送体系的不足

C．售后服务团队过于庞大　　D．电商平台竞争激烈

5．针对农村地区的特殊情况，（　　）不是应对售后服务挑战的有效方案。

A．利用技术手段提升服务效率

B．加强消费者教育与信息沟通

C．增加退换货的次数以满足消费者需求

D．优化物流配送体系与合作模式

二、填空题

1．网店售后服务是消费者购物体验的重要组成部分，当消费者在购买过程中遇到问题或需要帮助时，能够及时得到网店的专业解答和________，将大幅提升消费者的购物体验。

2．网店应建立一套完善的售后服务体系，包括服务流程、________、服务团队等。

3．为方便消费者随时随地获取售后服务，网店应搭建________，如官方网站、手机 APP、微信公众号等。

4．在完善网店售后服务工作时，农村地区的地域分散性给服务带来了________的难题。

5．网店在售后服务中应________，按照既定的服务政策和流程为消费者提供服务。

三、简答题

1．简述优质的售后服务对网店的重要性。

2．网店应如何优化物流配送服务以完善售后服务工作？

3．在实施完善网店售后服务工作的过程中，网店需要注意哪些事项？

4．农村电商在完善售后服务工作时面临哪些挑战？

5．针对农村市场的特点，网店可以创新哪些售后服务模式和策略？

知识学习

任务三　建立店铺的会员关系体制

越来越多的店铺意识到建立会员关系体制的重要性。会员关系体制不仅能够增强店铺与消费者之间的联系，提高消费者的忠诚度，还能够为店铺带来稳定的客源和持续的收益。

一、会员关系体制的概念及作用

（一）会员关系体制的概念

会员关系体制是指电商平台通过建立会员制度，与消费者建立长期、稳定的关系，并通过提供一系列会员特权和服务，增强消费者对平台的忠诚度和黏性的一种营销策略。在农村电子商务中，会员关系体制通常包括会员注册、会员等级划分、会员积分兑换、会员专享优惠等多个环节。

（二）会员关系体制的作用

1．提升消费者购物体验

通过会员关系体制，根据消费者的购物历史、浏览记录等信息，电商平台可以推送更加精准的商品推荐和优惠信息，提高消费者的购物满意度。

2．提高消费者忠诚度

会员关系体制通过积分兑换、等级晋升等方式，激励消费者进行更多的购物行为。随着在电商平台上购物的次数和金额的增加，消费者的会员等级也会相应提升，享受到更多的会员特权。

3．促进电商平台销售增长

会员关系体制有助于电商平台销售额增加。一方面，通过会员专享优惠和积分兑换等方式，可以刺激消费者的购买欲望，增加销售额。另一方面，忠诚的会员群体往往能够为平台带来稳定的客流，有助于良好口碑的传播，进一步促进销售增长。

4．助力电商平台品牌建设

会员关系体制还有助于电商平台进行品牌建设。通过提供优质的会员服务和特权，电商平台可以塑造良好的品牌形象和口碑。

5．为电商平台提供数据支持

会员关系体制还可以为电商平台提供宝贵的数据支持。通过对会员的购物行为、消费偏好等信息进行分析和挖掘，电商平台可以更加精准地了解市场需求和消费趋势，为商品选品、营销策略制定等提供有力的数据支撑。

由此可知，会员关系体制在农村电子商务中发挥着重要的作用。通过建立完善的会员制度和提供优质的会员服务，可以提升消费者的购物体验和对电商平台的忠诚度、促进销售增长、助力品牌建设及获取宝贵的数据支持。因此，农村电子商务平台应高度重视会员关系体制的建设和运营，不断优化和完善相关策略和服务，以更好地满足消费者的需求并推动农村电子商务的健康发展。

二、建立店铺会员关系体制的策略

（一）明确建立会员关系体制的目标

在建立会员关系体制之前，店铺需要明确自己的目标。目标可以是提升消费者购物体验、增强消费者忠诚度、促进店铺销售增长等。明确目标有助于店铺更加有针对性地制定会员策略和服务。

（二）设计合理的会员等级制度

会员等级制度是会员关系体制的核心。店铺可以根据消费者的购物金额、购物频次、活跃度等因素，将会员分为不同的等级，如普通会员、银牌会员、金牌会员等。每个等级对应不同的权益和服务，以此激励消费者提升会员等级，增加购物行为。

（三）提供丰富的会员权益和服务

为了吸引和留住消费者，店铺需要提供丰富的会员权益和服务。这些权益和服务可以包括会员专享折扣、积分兑换、生日礼券、免费试用新品等。

（四）建立有效的会员沟通渠道

店铺需要建立有效的会员沟通渠道，及时传递商品信息、优惠活动、店铺动态等。这些沟通渠道可以包括店铺官网、社交媒体、电子邮件、短信等。通过定期推送个性化的信息，店铺可以保持与消费者的紧密联系，提高消费者对店铺的关注度。

（五）运用数据分析优化会员策略

店铺需要收集和分析会员的购物行为、消费偏好等信息，以便更加精准地制定营销策略。通过数据分析，店铺可以发现消费者的需求，及时调整商品结构、优化价格策略、推出新的促销活动等。

（六）强化会员关系的维护与提升

建立会员关系体制后，店铺需要持续维护和提升会员关系。这包括定期回访会员、解决会员问题、关注会员动态等。店铺还可以通过举办会员活动、建立会员社群等方式，增强会员的归属感和参与感。

（七）注重会员关系体制的宣传与推广

为了让更多的消费者了解和加入会员关系体制，店铺需要注重宣传与推广。这可以通过店铺官网、社交媒体、线下海报等多种渠道进行。店铺还可以与合作伙伴联手推广会员关系体制，扩大影响力和知名度。

综上所述，建立店铺会员关系体制需要明确建立会员关系体制的目标、设计合理的会员等级制度、提供丰富的会员权益和服务、建立有效的会员沟通渠道、运用数据分析优化会员策略、强化会员关系的维护与提升、注重会员关系体制的宣传与推广。通过这些策略的实施，店铺可以建立起与消费者之间的紧密联系，提升消费者忠诚度和购物体验，进而促进销售增长和品牌建设。

三、实施步骤与注意事项

会员关系体制作为一种有效的营销手段，不仅能够帮助店铺更好地了解消费者需求，提升消费者忠诚度，还能促进销售增长和品牌建设。

（一）实施步骤

建立店铺的会员关系体制是一个系统性工程，需要细致地规划和有序地执行。以下是详细的实施步骤。

1．明确会员关系管理的目标

在开始建立会员关系体制之前，首先要明确店铺希望通过这一体制达到什么目标。是增加客户忠诚度、提升销售额，还是提升品牌形象？明确目标有助于后续的策略制定和效果评估。

2．数据收集与分析

收集现有客户的信息，包括购买记录、消费习惯、偏好等，通过数据分析来划分客户群体，以便后续进行更精准的营销活动。

3．设计会员等级制度

根据店铺的实际情况，设计合理的会员等级制度。例如，设置银卡、金卡、钻石等会员等级，每个会员等级设定不同的门槛和权益。

4．制定会员权益

为每个等级的会员制定相应的权益，如折扣、积分兑换、专享、优先购买权等。这些权益应该具有吸引力，能够激发会员的活跃度和忠诚度。

5．搭建会员管理系统

选择或开发一套适合店铺的会员管理系统，用于记录会员信息、积分变动、消费记录等。系统应具备数据分析功能，以便店铺能够实时监控会员活动情况，并据此调整营销策略。

6．推广会员计划

通过各种渠道宣传会员计划，吸引客户加入。可以在店铺内设置宣传海报，通过社交媒体、官方网站等线上渠道进行推广，还可以举办会员招募活动。

7．持续优化与更新

定期收集会员反馈，根据实际情况调整会员制度和权益。同时，随着市场环境的变化和店铺自身的发展，不断更新和优化会员关系体制。

（二）注意事项

在建立店铺会员关系体制的过程中，需要注意以下事项。

1．保护客户隐私

在收集客户信息时，必须遵守相关法律法规，确保客户数据的合法性和安全性。同时，要向客户明确说明数据收集的用途，并获得客户的同意。

2．设置合理的门槛和权益

门槛和权益的设置要合理，既要吸引客户加入，又不能让店铺承担过大的成本。同时，不同等级会员之间的权益差异要明显，以体现会员等级的价值。

3．保持与会员的沟通

定期向会员发送邮件、短信或消息，告知店铺动态、优惠活动等。同时，要积极回应会员的反馈和建议，不断改进服务。

4．提供个性化的服务

根据会员的消费记录和偏好，提供个性化的推荐和服务。例如，为喜欢购买某一类商品的会员推送相关商品信息或优惠活动。

5．防止会员流失

定期分析会员活跃度，对于长时间未产生消费行为的会员，可以通过发放优惠券、邀请参加专属活动等方式重新激活。同时，要关注市场动态和竞争对手的情况，及时调整策略，以保持竞争力。

6．培训员工

员工是执行会员关系体制的关键因素。要确保员工了解会员关系体制的具体内容和目的，并接受相关的培训，以便更好地为会员提供服务。

7．利用数据驱动决策

充分利用会员管理系统收集的数据进行深入分析，了解会员的消费习惯、偏好和趋势。这些数据可以为店铺的商品策划、营销策略决策等提供有力的支持。

8．测试与评估

在实施新的会员关系体制之前，可以进行小范围的测试，根据测试结果调整策略并优化流程。同时，要定期评估会员关系体制的整体效果，包括会员增长率、活跃度、销售额等指标，以便及时发现问题并进行改进。

9．建立长期关系

会员关系管理是长期的需要不断优化的工作。店铺要与会员建立长期稳定的信任关系，通过提供优质的服务和产品来提高会员的忠诚度。

10．不断创新

随着市场环境的变化和消费者需求的升级，店铺需要不断创新会员关系体制，以保持竞争力。可以尝试引入新的技术，如人工智能、大数据分析等，以提升会员体验和服务质量。

总之，建立店铺的会员关系体制需要细致地规划和有序地执行，同时注意保护客户隐私、设置合理的门槛和权益、保持与会员的沟通等事项。通过不断优化和创新会员关系体制，店铺可以更好地满足消费者的需求，提升品牌形象，提高市场份额。

四、面临的挑战与解决方案

（一）面临的挑战

1．会员信息获取存在难度

在农村地区，由于信息化水平相对较低，消费者对于个人信息的保护意识较强，导致店铺在获取会员信息时面临较大困难。这不仅影响了会员关系的建立，也制约了后续的精准营销和服务提供。

2．会员活跃度不足

受农村消费习惯和传统购物观念的影响，部分会员在加入会员关系体制后，活跃度并不高。他们可能只是偶尔购物，或者对店铺的促销活动并不敏感，导致会员关系体制的效果大打折扣。

3．服务同质化竞争

随着农村电子商务市场的日益成熟，竞争日益激烈。店铺在提供会员服务时，很容易陷入同质化竞争的泥潭。缺乏特色和创新的会员服务难以吸引和留住消费者。

4．数据处理能力不足

店铺在处理会员数据时，往往面临着数据量大、数据维度多、数据更新快等挑战。如果店铺的数据处理能力不足，就无法充分挖掘会员数据的价值，也就无法为会员提供个性化的服务。

（二）解决方案

1．加强信息化建设和宣传

针对会员信息获取存在难度的问题，店铺可以通过加强信息化建设并进行广泛宣传，来吸引农村地区的消费者。

2．提升会员活跃度与参与度

为了提升会员的活跃度与参与度，店铺可以设计更加吸引人的促销活动，如积分兑换、会员专享折扣等。此外，店铺还可以建立会员社群，为会员提供一个交流互动的平台，增强会员的归属感。

3．创新会员服务内容与形式

针对服务同质化竞争的问题，店铺需要创新会员服务的内容与形式。这可以通过深入了解会员的需求和偏好、提供个性化的服务和解决方案来实现。例如，店铺可以为会员提供定制化的商品包装、专属的购物顾问等服务。通过不断创新和完善会员服务，店铺可以在竞争中脱颖而出。

4．强化数据处理能力与应用

为了提升数据处理能力，店铺可以引入先进的数据处理技术和工具，如大数据分析、人工智能等。通过对会员数据的深入挖掘和分析，店铺可以更加精准地了解会员的需求，为会员提供更加个性化的服务。

案例链接

赵海伶返乡创业

汶川地震后，赵海伶决定返乡，利用电商平台帮助家乡的农民销售土特产。她的店铺不仅仅是一个交易平台，更是一个连接消费者与农户的桥梁。为了建立和维护会员关系，赵海伶采取了多项措施。

首先，她深入了解消费者的需求和喜好，通过定期发放调查问卷和收集反馈信息，不断优化产品和服务。其次，她建立了会员积分制度，消费者购买商品或参与店铺活动即可获得积分，积分可用于抵扣现金或兑换礼品，使消费者的购物充满乐趣、忠诚度得到提升。

此外，赵海伶还定期组织线上线下的活动，如新品尝鲜、优惠促销等，吸引会员积极参与。这些活动不仅增进了会员与店铺之间的感情，还带动了商品销量的增加。

通过这些努力，赵海伶的店铺逐渐积累了大量的忠实会员。这些会员不仅经常光顾店铺，还通过社交媒体等渠道向亲朋好友推荐，进一步扩大了店铺的影响力。赵海伶的成功经验表明，建立稳固的店铺会员关系体制是农村电子商务发展的重要一环。

经验启示：赵海伶通过电子商务，搭建了消费者与农户的桥梁。她精准洞察消费者需求，优化服务；采用积分制度，增强客户黏性；以活动促进互动，提升销量。这些举措帮助她获得了忠实会员，影响力得以扩大。这告诉我们，建立稳固的会员关系体制是电商成功的关键。

知识拓展

西贝——锁定老客户，VIP 会员年人均复购 3 次

（1）从线下门店的实体会员卡开始做起。

最早的街边店都是客户经理与客户一对一沟通实现销售的。

VIP 会员来源有两个：一是主动付费成为 VIP 年卡会员；二是在过去的 12 个月内，至少消费 4 次且消费金额超过 1000 元。在第二种情况下，VIP 会员可以享受会员价格和积分权益，但不享受 VIP 年卡会员优惠券权益。

VIP 会员多是老客户，对西贝的认可度最高，互动的频率也最多，经常可以从他们那里获得大量反馈。西贝做 VIP 会员的目的是锁定有意愿成为老客户的群体，与老客户建立更多的联系，而不是盲目扩展 VIP 会员。

（2）VIP 会员年人均复购 3 次。

西贝更看重门店客户中有多少人留存下来、隔多久会回头消费，以及回头消费的过程中带动了多少新客户来店体验消费，然后通过数据分析结果去指导门店服务好客户。数据显示，VIP 会员年人均复购次数为 3 次，人均客单价是 100 元左右。

（3）企业微信是客服和互动渠道。

西贝在进行内部培训时，主要培训员工在客服和互动方面的技能：第一，接受客户的咨询和投诉；第二，通过企业微信发布有价值的信息；第三，满足客户在线上的各种需求。

（4）以建立用户管理系统为目标。

西贝以前通过对实体卡积分和充值做会员服务，使用短信触达客户，每个客户经理只能定期跟几十个客户互动。现在，西贝建立了“公众号+小程序+企业微信+社群”私域矩阵，让客户和门店之间建立更多的联系。

学习笔记

一、任务概览

本任务主要介绍了在农村电子商务中如何建立店铺的会员关系体制。内容涵盖会员关系体制的概念、作用，以及建立会员关系体制的策略、实施步骤与注意事项等内容。

二、核心知识点

会员关系体制的概念：通过建立会员制度，与消费者建立长期、稳定的关系，并通过提供一系列会员特权和服务，增强消费者对平台的忠诚度和黏性的一种营销策略。

会员关系体制的作用：提升消费者购物体验、提高消费者忠诚度、促进电商平台销售增长、助力电商平台品牌建设、为电商平台提供数据支持。

建立会员关系体制的策略：明确建立会员关系体制的目标、设计合理的会员等级制度、提供丰富的会员权益和服务、建立有效的会员沟通渠道、运用数据分析优化会员策略、强化会员关系的维护与提升、注重会员关系体制的宣传与推广。

建立会员关系体制的实施步骤与注意事项：明确会员关系管理的目标、数据收集与分析、设计会员等级制度、制定会员权益、搭建会员管理系统、推广会员计划、持续优化与更新；在完成上述步骤的过程中注意保护客户隐私、设置合理的门槛和权益、保持与会员的沟通等。

三、学习感悟

通过本任务，我们要体会到在农村电子商务中建立和维护良好的会员关系对店铺的长期发展至关重要。一个健全的会员关系体制不仅能够帮助店铺更好地了解和服务客户，还能有效提升客户的忠诚度和购买意愿。

此外，运用数据分析工具进行会员行为分析，可以更准确地把握市场动态和消费者需求，为店铺的经营决策提供有力支持。

拓展练习

一、选择题

1. 越来越多的店铺意识到建立（　　）体制的重要性。

A. 会员关系　　B. 客户关系

C. 资金关系　　D. 消费关系

2. 会员关系体制通过（　　）、等级晋升等方式，激励消费者进行更多的购物行为。

A. 积分兑换　　B. 客户服务

C. 电话沟通　　D. 金融功能

3.（　　）是会员关系体制的核心。

A. 金融制度　　B. 会员等级制度

C. 消费制度　　D. 服务制度

4. 会员关系体制作为一种有效的营销手段，不仅能够帮助店铺更好地了解消费者需求，提升消费者忠诚度，还能（　　）。

A. 制订生产计划　　B. 完成生产指标

C. 吸收大量优秀人才　　D. 促进销售增长和品牌建设

5. 赵海伶返乡创业的案例告诉我们，建立稳固的（　　）是电商成功的关键。

A. 客商关系　　B. 物流配送体系

C. 会员关系体制　　D. 客户反馈渠道

二、填空题

1. 会员关系体制通常包括________、会员等级划分、会员积分兑换、会员专享优惠等多个环节。

2. 会员关系体制通过积分兑换、等级晋升等方式，激励消费者进行更多的________。

3. 在收集客户信息时，必须遵守相关法律法规，确保客户数据的________。

4. 店铺在提供会员服务时，很容易陷入________竞争的泥潭。

5. 针对会员信息获取存在难度的问题，店铺可以通过加强________建设并进行广泛宣传，来吸引农村地区的消费者。

三、简答题

1. 什么是会员关系体制？

2．建立会员关系体制的策略是什么？

3．建立会员关系体制的步骤和注意事项是什么？

4．建立会员关系体制面临的挑战是什么？

5．简述建立会员关系体制的作用。

模块考核评价

一、考核评价目标

本模块考核评价旨在评估学生在以下方面的能力。

客服理念与沟通能力：树立以客户为中心的服务理念，运用良好的沟通技巧，解决客户在购买农产品过程中遇到的问题。

客服流程与规范掌握能力：熟悉并掌握农村电子商务客服的基本流程和规范，确保客户服务的及时性和有效性。

客户关系维护与管理能力：建立并维护良好的客户关系，通过定期回访、关怀等方式提升客户满意度和忠诚度。

客服团队协作与领导能力：在客服团队中发挥积极作用，具备良好的团队协作精神和领导能力。

二、考核评价标准

客服理念与沟通的专业性和满意度：评估学生在服务过程中的态度、沟通技巧及解决客户问题的专业能力。

客服流程与规范的熟悉度和执行力：评估学生对客服流程和规范的掌握程度，以及在实际操作中的执行力。

客户关系维护与管理的效果：评估学生在维护客户关系、提升客户满意度和忠诚度方面的实际效果。

客服团队协作与领导的表现：评估学生在客服团队中的协作精神、领导能力及对团队贡献的大小。

三、考核评价方法

客服模拟实操：模拟客户咨询场景，要求学生扮演客服角色，运用所学知识和技巧解决实际问题，评估其沟通能力和服务水平。

客服流程与规范测试：以问卷或测试的形式，检验学生对客服流程和规范的掌握程度。

客户关系管理案例分析：提供实际或模拟的客户关系管理案例，要求学生进行分析并提出解决方案，评估其客户关系维护和管理的能力。

团队协作与领导能力评价：通过观察学生在团队活动中的表现、参与度和对团队的贡献，评估其团队协作和领导能力。

四、考核评价结果反馈

个人反馈：针对每个学生的实操表现、测试结果和案例分析等，提供具体的反馈意见和改进建议。

整体反馈：对整个班级的考核评价结果进行汇总和分析，总结学生在客服管理方面的普遍问题和优秀经验，为今后的教学提供改进依据。

优秀案例展示：将优秀的学生实操案例、解决方案等进行展示和分享，激励其他学生学习和借鉴优秀经验。

模块七

农村电子商务物流管理

模块导读

随着农村电子商务的蓬勃发展，物流管理作为其重要支撑体系，日益受到广泛关注。农村电子商务物流管理的效率和水平，直接影响着农产品的流通速度、销售范围和消费者满意度。因此，本模块将带领大家深入探索农村电子商务物流管理的内涵与挑战，揭示其在推动农村电子商务发展中的关键作用。

农村电子商务物流管理旨在通过科学的方法和技术，实现农产品从生产地到消费地的高效、安全、低成本流动。这个过程涉及农产品的采购、存储、包装、运输、配送等多个环节，需要精心组织和协调。

为了应对这些挑战，我们需要从多个方面入手。首先，加强农村物流基础设施建设，提升仓储、运输、配送等环节的硬件条件。其次，推进物流信息化进程，利用现代信息技术手段提高物流效率和可视化程度。再次，优化物流网络布局和线路规划，减少不必要的运输和仓储成本。最后，加强物流人才培养和管理创新，提升农村电子商务物流管理的软实力。

本模块旨在帮助读者对农村电子商务物流管理有一个全面的了解。我们将详细阐述农村电子商务物流管理的理论基础、方法技术和实践应用。通过学习和实践，读者将能够掌握农村电子商务物流管理的核心知识和技能，为农村电子商务的持续发展贡献自己的力量。

学习目标

知识目标

1. 掌握农村电子商务物流管理的基本概念、原则及其在农村电子商务体系中的作用。
2. 了解农村电子商务物流系统的构成，包括仓储、运输、配送等关键环节的基本知识。
3. 学习农产品物流的特殊性和要求，了解农产品在物流过程中的保鲜、安全等技术。

4. 熟悉物流信息化和智能化发展趋势，了解现代物流管理技术在农村电子商务中的应用。

技能目标

1. 培养分析和优化农村电子商务物流流程的能力，能够针对实际问题提出改进方案。
2. 学会使用物流管理软件和工具，提高物流信息处理和分析的效率。
3. 培养农产品物流质量控制和风险管理能力，确保农产品在流通过程中的质量与安全。
4. 掌握基本的物流成本核算和控制方法，能够合理规划和降低农村电子商务物流成本。

素养目标

1. 提升对农村电子商务物流管理重要性的认识，增强服务农村电子商务发展的责任感和使命感。
2. 培养创新意识和开放性思维，关注物流行业新技术、新模式的发展动态。
3. 树立绿色物流理念，注重农产品在物流过程中的环保和可持续发展。
4. 养成团队协作和沟通的良好习惯，能够与其他部门有效合作，共同提升农村电子商务物流管理水平。

引导案例

古迈茶园藏在包装里的云端宝藏

古迈茶园位于原始森林，无污染的空气与山泉水灌溉，孕育出独特风味的茶品。茶园认为有健康的茶树才会有好茶，因此坚持对茶叶加以管理，每年都会通过严格的 SGS 检验。茶园坚持手工采摘茶叶，经过发酵精制，再进行包装。茶叶礼盒以霁青为主色调，象征着雨过天晴的梨山森林天空。礼盒设计通过版画形式展现了茶园的美丽景致。猫头鹰在少数民族文化中被视为“报喜灵鸟”，象征幸福，并守护着山林。茶叶包装如图 7-1 所示。

图 7-1　茶叶包装

知识学习

任务一　农产品包装

农产品作为农村电子商务的重要组成部分，其包装设计直接影响着产品的市场竞争力与消费者的购买意愿。优秀的农产品包装不仅能提升产品的附加值，还能在激烈的市场竞争中为产品赢得先机。蔬菜包装如图 7-2 所示。

图 7-2　蔬菜包装

一、农产品包装的重要性

农产品上行成为推动农村经济增长的重要力量。在这一进程中，农产品包装作为农产品从田间到餐桌的重要环节，其重要性日益凸显。

（一）提升农产品附加值与市场竞争力

优质的农产品包装能够有效提升农产品的附加值，使农产品在市场中更具竞争力。精美的包装不仅能够吸引消费者的关注，还能够提升农产品的档次和品牌形象，从而增加农产品的售价和销售量。

（二）保障农产品质量与食品安全

农产品包装在保障农产品质量和食品安全方面发挥着重要的作用。合理的包装能够防止农产品在运输、储存和销售过程中受到物理损伤、化学污染和生物侵害，从而保持农产品的新鲜度和口感。

（三）促进农产品品牌化与标准化

农产品包装是农产品品牌化和标准化的重要载体。通过统一的包装、标识设计及宣传，能够塑造农产品的品牌形象，提升消费者对农产品的认知度和信任度。

（四）满足消费者多元化与个性化的需求

随着消费者需求的日益多元化和个性化，农产品包装也需要不断创新和升级。因此，农产品包装需要紧密关注市场动态和消费者需求变化，通过差异化、个性化的包装设计来满足不同消费者的需求。

（五）推动农村电子商务可持续发展

农产品包装在农村电子商务可持续发展中扮演着重要角色。一方面，环保、可降解的包装材料能够减少农产品上行过程中的环境污染和资源浪费，推动农村电子商务向绿色、低碳方向发展。另一方面，农产品包装的创新和升级也能够带动相关产业的发展和就业岗位的增加，为农村电子商务的可持续发展提供有力支撑。

综上所述，农产品包装在农村电子商务中具有重要的意义。它不仅能够提升农产品附加值与市场竞争力、保障农产品质量与食品安全、促进农产品品牌化与标准化、满足消费者多元化与个性化的需求，还能够推动农村电子商务可持续发展。

二、农产品包装设计原则

农产品作为农村电子商务的核心内容，其包装设计在提升产品价值、塑造品牌形象、保障运输安全等方面起着至关重要的作用。在进行农产品包装设计时，需要遵循一系列原则，以确保包装既美观实用，又满足市场和消费者需求。下面将详细阐述农产品包装设计的几个重要原则。

（一）保护性原则

农产品包装设计首先要遵循的原则是保护性原则。由于农产品在运输和储存过程中容易受到损伤，因此包装设计必须能够有效地保护农产品，防止其受到物理、化学或生物等因素的侵害。

（二）美观性原则

在农产品市场竞争激烈的今天，包装设计的美观性同样重要。精美的包装能够吸引消费者关注，提升产品档次和品牌形象。因此，农产品包装设计应注重色彩搭配、图案设计、文字排版等，以打造出既符合农产品特色又吸引消费者注意力的包装。美观包装如图 7-3 所示。

（三）环保性原则

随着人们环保意识的提高，农产品包装设计的环保性也越来越受到关注。包装应尽可能采用可降解、可回收的环保材料，减少不必要的包装和过度包装，以降低对环境的污染。

（四）实用性原则

农产品包装设计还应注重实用性。包装应便于携带、开启和保存，以满足消费者在使用过程中的实际需求。此外，包装上的文字说明应清晰、明了，方便消费者了解产品的使用方法和注意事项。

图 7-3　美观包装

（五）经济性原则

在进行农产品包装设计时，还需要考虑经济性原则。包装设计应在保证产品质量的前提下，尽可能降低包装成本，提高包装的性价比。这就要求在选择包装材料和设计包装结构时，充分考虑成本和市场接受度，以实现包装的经济性和市场效益的平衡。

（六）创新性原则

农产品包装设计也需要遵循创新性原则。在市场竞争日益激烈的今天，只有不断创新才能在市场竞争中脱颖而出。包装设计可以通过采用新材料、新技术、新结构等方式进行创新，以满足市场和消费者的不断变化的需求。

三、农产品包装创新策略

农产品包装对于吸引消费者关注并进行消费的作用毋庸置疑。传统的农产品包装已难以满足现代市场的多元化需求，因此，农产品包装创新策略的制定与实施显得尤为重要。

（一）绿色环保策略

在人们环保意识日益增强的背景下，农产品包装应积极响应绿色、环保的号召，采用可降解、可循环使用的包装材料，减少包装废弃物对环境的污染。

（二）地域文化策略

农产品往往具有独特的地域特色和文化内涵。在包装设计中融入地域文化元素，如民俗图案、地方特色等，能够增加农产品的文化附加值，提升产品的市场竞争力。地域文化策略的实施需要深入挖掘农产品的文化背景，提炼出具有代表性的文化元素，并巧妙地融入包装设计中，使消费者在享受农产品美味的同时，也能感受到浓郁的地域文化气息。

（三）功能拓展策略

传统的农产品包装侧重于保护产品、方便携带等基本功能。然而，在现代市场中，消费者对包装的需求已不仅仅局限于这些基本功能。因此，农产品包装需要拓展其功能，如增加保鲜、防腐等功能，以延长农产品的保质期；或者设计便捷的开启方式，提升消费者的使用体验。功能拓展策略要求包装设计者紧密关注市场动态和消费者需求，不断创新包装功能，以满足市场的多元化需求。

（四）个性化定制策略

随着消费者需求的日益个性化，农产品包装也需要向个性化定制方向发展。通过提供个性化的包装服务，如定制化的包装设计、个性化的印刷内容等，满足消费者对农产品的个性化需求。个性化定制策略需要借助先进的生产技术和信息化手段，实现包装的柔性生产和快速响应，以满足市场的多样化需求。

（五）品牌塑造策略

农产品包装作为品牌传播的重要载体，应积极参与品牌塑造。通过统一的包装设计风格、鲜明的品牌标识和独特的品牌理念传递、塑造农产品的品牌形象，提升农产品的知名度和美誉度。品牌塑造策略要求农产品包装与品牌战略紧密结合，共同推动农产品品牌化进程。

农产品包装创新策略包括绿色环保、地域文化、功能拓展、个性化定制和品牌塑造等多个方面。这些策略相互补充、相互促进，共同推动农产品包装的创新发展。在未来的农村电子商务发展中，我们应积极运用这些创新策略，为农产品包装注入新的活力，提升农产品的市场竞争力。有机蔬菜包装如图 7-4 所示。

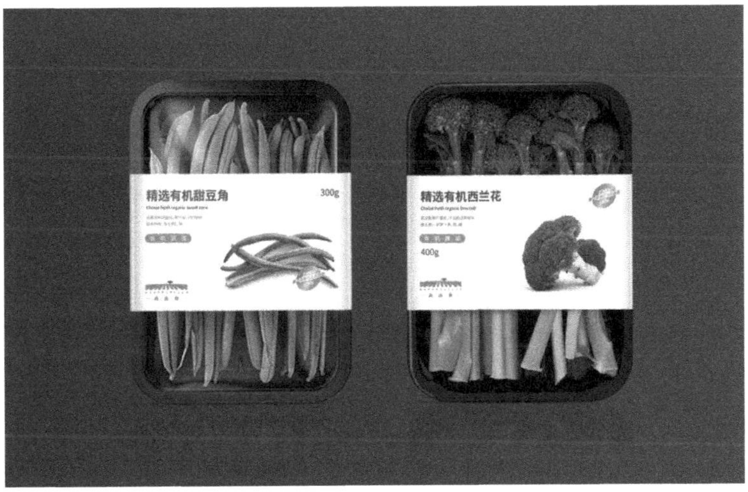

图 7-4　有机蔬菜包装

四、农产品包装的未来发展趋势

（一）智能化包装成为新趋势

随着物联网、大数据等技术的快速发展，农产品包装正逐渐走向智能化。智能化包装不仅能够实时监测农产品的温度、湿度等环境条件，还能通过嵌入式传感器记录农产品的运输轨迹和储存状态，为消费者提供更加透明、可追溯的产品信息。此外，智能化包装还可以通过与智能手机连接，实现产品的防伪验证、互动营销等，极大地提升了农产品的附加值和消费者体验。

（二）绿色环保理念深入人心

随着环保意识的不断提高，农产品包装的绿色化已成大势所趋。未来，农产品包装将更加专注于绿色环保。

（三）个性化定制满足多元需求

农产品包装的个性化定制已成为新的发展方向。未来的农产品包装将更加注重满足消费者的个性化需求，提供定制化的包装服务。这不仅可以体现在包装设计的个性化上，还可以体现在包装材料、尺寸、形状等方面的定制化上。通过个性化定制，农产品包装能够更好地满足消费者的多元化需求，提升农产品的市场竞争力。

（四）品牌化包装提升产品形象

未来，农产品包装将更加重视品牌形象的构建与推广。借助一致的包装设计风格、醒目的品牌标识和独特的品牌理念传达，农产品包装能够建立鲜明的品牌形象，进而提升产品的知名度和美誉度。

（五）跨界融合创造新价值

农产品包装的跨界融合是未来发展的关键方向之一。通过与其他产业结合，农产品包装能够提供新的价值和服务。

综上所述，农产品包装的未来发展趋势包括智能化、绿色环保、个性化定制、品牌化和跨界融合等多个方面。这些趋势将共同促进农产品包装的创新发展，为农村电子商务的繁荣做出重要贡献。在未来的发展中，我们应该积极把握这些趋势，推动农产品包装向更高水平和更广泛领域迈进。

案例链接

活米村喜田米，让吃饭不再一成不变

台湾省花莲县富里乡位于中央山脉及海岸山脉之间，山峦青翠，蓝天绿地阡陌相连，有着令人激动的风情，号称宝岛最后一块净土。这里所生产的稻米，特别香弹好吃，纯净、自然、零污染是“喜田米”成为顶级米的关键。

活米村除积极创新产品、通路及组织外，更将商品以米为核心，迈向精致美观之路，同时还筹划门市连锁系统，开创新米类文化，让吃饭不再是一成不变的事，为米市场注入新的活力。

喜田米的包装真空透明，用最质朴、最原始的素材呈现出产品质感和内涵。让消费者在关注产品的同时也被包装深深吸引。每100颗米粒，只挑选出最大的20颗米粒来做顶级米。

喜田米强调现碾现做、透明真空包装和新鲜限量供应，致力于分享台湾省产地最扎实的好口感！

经验启示：创新不止于产品，更在于文化与体验。通过精致包装、连锁系统与品质严选，活米村不仅提升了米的附加值，更让吃饭成为享受，为市场带来新活力。其成功秘诀在于坚守品质、勇于创新，同时注重消费者体验与情感共鸣。

知识拓展

农产品包装不仅是保护产品从农田到餐桌的重要手段，更是提升农产品价值和市场竞争力的关键环节。首先，优质包装能有效延长农产品的保鲜期，减少损耗，保证消费者购买的农产品新鲜可口。其次，包装也是农产品品牌传播的重要载体，精美的包装能提升农产品的品牌形象，吸引消费者的注意力。最后，随着消费者环保意识的提高，环保、可循环的包装材料正逐渐成为主流，这既符合可持续发展的理念，也符合消费者的期望。因此，农产品包装不仅要注重实用性和美观性，还要关注环保性和创新性，以满足市场的多元化需求。

拓展练习

一、选择题

1. 农产品包装在农村电子商务中的重要作用不包括（　　）。
   A. 提升农产品附加值与市场竞争力
   B. 保障农产品质量与食品安全
   C. 促进农产品品牌化与标准化
   D. 降低农产品生产成本
2. （　　）不是农产品包装设计应遵循的原则。
   A. 保护性　　B. 美观性
   C. 奢侈性　　D. 环保性
3. 农产品包装创新策略中，（　　）旨在提升产品的文化附加值。
   A. 绿色环保策略　　B. 地域文化策略
   C. 功能拓展策略　　D. 个性化定制策略
4. 在农产品包装的未来发展趋势中，（　　）强调了包装与其他产业的跨界融合。
   A. 智能化包装成为新趋势　　B. 绿色环保理念深入人心
   C. 个性化定制满足多元需求　　D. 跨界融合创造新价值
5. 农产品包装设计的首要原则是（　　）。
   A. 美观性　　B. 实用性
   C. 创新性　　D. 保护性

二、填空题

1. 农产品上行成为推动________的重要力量。
2. 农产品包装在保障农产品质量和________方面发挥着重要作用。
3. 农产品包装设计的环保性原则要求包装设计尽可能采用________、可回收的环保材料。
4. 在农产品包装的未来发展趋势中，智能化包装能够通过嵌入式传感器记录农产品的________和储存状态。
5. 品牌化是农产品包装发展的________之一。

三、简答题

1. 农产品包装在农村电子商务中有哪些重要作用？
2. 农产品包装设计的保护性原则是什么？
3. 农产品包装创新策略中的绿色环保策略是什么？
4. 农产品包装的未来发展趋势有哪些？
5. 如何通过农产品包装塑造品牌形象？

学习笔记

一、任务概览

本任务主要介绍了农产品包装，包括农产品包装的重要性、设计原则、创新策略和未来发展趋势。

二、核心知识点

农产品包装的重要性：提升农产品附加值与市场竞争力、保障农产品质量与食品安全、促进农产品品牌化与标准化、满足消费者多元化与个性化的需求，推动农村电子商务可持续发展。

农产品包装的设计原则：保护性原则、美观性原则、环保性原则、实用性原则、经济性原则、创新性原则。

农产品包装的创新策略：绿色环保策略、地域文化策略、功能拓展策略、个性化定制策略、品牌塑造策略。

农产品包装的未来发展趋势：智能化包装成为新趋势、绿色环保理念深入人心、个性化定制满足多元需求、品牌化包装提升产品形象、跨界融合创造新价值。

三、学习感悟

通过本任务，我们要深刻认识到农产品包装在农村电子商务中的重要作用。一个好的包装不仅可以保护农产品，延长其保质期，还能提升农产品的附加值和市场竞争力。

此外，我们要对农产品包装的未来发展充满期待。随着科技的不断进步和消费者需求的多样化，农产品包装将不断创新和发展，为我们带来更多惊喜和可能性。

知识学习

任务二　农产品仓储

农产品仓储作为农村电子商务物流体系的重要环节，对于保障农产品品质、调节市场供求、促进农产品流通具有至关重要的作用。随着农村电子商务的快速发展，农产品仓储面临着新的挑战和机遇。本任务将系统阐述农产品仓储的基本概念、重要性、技术与管理方法，以及未来发展趋势，旨在为农村电子商务的健康发展提供有力支撑。农产品仓储如图 7-5 所示。

图 7-5　农产品仓储

一、农产品仓储的基本概念与重要性

农产品仓储是农村电子商务物流体系中的关键环节，它涉及农产品的储存、保管、配送等多个方面。在农产品从生产地到消费地的流通过程中，仓储起着承上启下的作用，是确保农产品品质、调节市场供求、实现农产品价值的重要手段。

（一）农产品仓储的基本概念

农产品仓储是指将农产品在特定的时间、地点进行储存和保管，以确保其品质和安全，同时根据市场需求进行适时配送的活动。农产品仓储包括农产品的入库、储存、出库等环节，涉及仓库设施、仓储技术、仓储管理等多个方面。

（二）农产品仓储的重要性

1．保障农产品品质与安全

农产品具有季节性、易腐性等特点，如果储存不当很容易导致品质下降甚至变质。通过科学合理的仓储管理，可以有效地延长农产品的保质期，保持其品质和口感，同时减少损耗和浪费。

2．调节市场供求平衡

农产品生产具有季节性和区域性特点，而市场需求则是全年性的。通过仓储可以将旺季生产的农产品储存起来，在淡季时投放市场，满足消费者的需求，平抑市场价格波动。

3．促进农产品价值实现

仓储是农产品流通中的关键环节，通过集中储存和规模化配送，能够有效降低物流成本并提高流通效率。

4．推动农村电子商务发展

农产品仓储是农村电子商务物流体系的重要组成部分。通过完善仓储设施、提高仓储技术水平、优化仓储管理等措施，可以提升农村电子商务的物流服务水平，吸引更多消费者购买农产品，推动农村电子商务的快速发展。

二、农产品仓储技术与管理方法

农产品仓储技术与管理方法是确保农产品在储存过程中保持其品质、减少损耗、提高流通效率的关键。随着科技的不断进步和物流体系的日益完善，农产品仓储技术与管理方法也在不断创新和发展。

（一）农产品仓储技术

1．温控技术

温控技术是农产品仓储中的核心技术之一。由于农产品对温度敏感，过高或过低的温度都会导致其品质下降。因此，通过采用先进的温控设备和技术，如冷库、冷藏车等，可以实现对农产品储存环境的精确控制，确保其处于最佳储存状态。

2．湿度调节技术

湿度是影响农产品储存的另一个重要因素。过高或过低的湿度都会导致农产品变质。通过采用湿度调节设备和技术，如加湿器、除湿器等，可以保持储存环境的湿度在适宜范围内，延长农产品的保质期。

3. 气调储存技术

气调储存技术是一种通过调节储存环境中的气体成分来延长农产品保质期的方法。通过降低氧气浓度、提高二氧化碳浓度等方式，可以抑制农产品的呼吸作用和微生物的生长繁殖，从而延长其保质期。这种技术特别适用于一些高价值、易腐败的农产品，如水果、蔬菜等。

4. 信息化技术

信息化技术在农产品仓储中也发挥着越来越重要的作用。通过应用物联网、大数据等技术，可以实现对农产品储存环境的实时监测和数据分析，为仓储管理提供科学依据。

（二）农产品仓储管理方法

1. 入库管理

入库管理是农产品仓储的第一道关卡。在入库前，需要对农产品进行质量检验、分类、分级等处理，确保其符合储存要求。同时，还需要对仓库进行清洁和消毒工作，防止农产品在储存过程中受到污染。

2. 储存管理

储存管理是农产品仓储的核心环节。在储存过程中，需要定期对农产品进行质量检查和评估，及时发现和处理问题农产品。同时，还需要根据农产品的特性和储存要求选择合适的储存方式和技术，确保其处于最佳储存状态。

3. 出库管理

出库管理是农产品仓储的最后一道关卡。在出库前，需要根据订单信息和市场需求进行农产品的拣选、打包、配送等操作。同时，还需要对出库农产品进行质量检查和确认，确保其符合客户要求和市场需求。

4. 安全管理

安全管理是农产品仓储的重要保障。在仓储过程中，需要加强对仓库设施、设备、人员等方面的安全管理，防止火灾、盗窃等安全事故的发生。同时，还需要建立健全的安全管理制度和应急预案，提高应对突发事件的能力。

三、农产品仓储面临的挑战与解决方案

农产品仓储作为农村电子商务物流体系中的关键环节，对于保障农产品品质、调节市场供求、实现农产品价值具有重要作用。然而，在实际运营过程中，农产品仓储面临着诸多挑战，如设施落后、技术不足、管理粗放等。

（一）农产品仓储面临的挑战

1. 设施落后

许多农村地区的仓储设施陈旧、简陋，缺乏现代化的仓储设备和管理系统。这些设施难以满足农产品储存的温度、湿度等环境要求，导致农产品在储存过程中品质下降、损耗增加。

2. 技术不足

农产品仓储技术相对落后，缺乏先进的温控、湿度调节、气调储存等技术手段。

3. 管理粗放

农产品仓储管理往往缺乏规范化、标准化的操作流程和管理制度。入库、储存、出库等环节的管理不够严格，容易导致农产品混淆、错发等问题。

4. 成本控制困难

农产品仓储涉及多个环节和多种成本，如设备购置与维护、人员工资、能源消耗等。由于缺乏有效的成本控制手段和管理方法，仓储成本往往较高，影响了农产品的竞争力和仓储企业的经济效益。

（二）农产品仓储解决方案

1. 加强设施建设

政府和企业应加大对农产品仓储设施建设的投入力度，改善仓储条件。建设现代化、标准化的仓库和配送中心，配备先进的温控、湿度调节等设备和管理系统，提高农产品储存的环境质量和效率。

2. 引进先进技术

积极引进国内外先进的农产品仓储技术和设备，如物联网、大数据、人工智能等。通过应用这些技术，实现对农产品储存环境的实时监测、数据分析和智能决策等功能，提高仓储管理的科学性和效率。

3. 规范管理流程

建立规范化、标准化的农产品仓储操作流程和管理制度。制定严格的入库、储存、出库等环节的管理规定和操作流程，确保农产品的品质和安全。

4. 优化成本控制

通过建立合理的成本控制体系和管理方法，降低农产品仓储成本。对设备购置与维护、人员工资、能源消耗等成本进行精细化管理和控制，提高资源利用效率。

农产品仓储在农村电子商务中面临着诸多挑战，但通过加强设施建设、引进先进技术、规范管理流程和优化成本控制等措施，可以有效地解决这些问题。政府、企业和社会各界应共同努力，推动农产品仓储的现代化和标准化发展，为农村电子商务的繁荣和农民的增收致富提供有力支撑。

四、农产品仓储的未来发展趋势

（一）智能化与自动化

智能化与自动化是农产品仓储未来发展的必然趋势。通过应用物联网、大数据、人工智能等先进技术，农产品仓储可以实现智能化管理，包括自动化入库、智能分拣、无人化配送等环节。

（二）绿色环保与可持续发展

随着人们环保意识的日益增强，农产品仓储的绿色环保和可持续发展也成为未来的重要趋势。仓储设施将更加注重节能减排，采用环保材料和节能技术，减少对环境的影响。

（三）多元化与个性化服务

农产品仓储的多元化与个性化服务也是未来的发展趋势之一。随着消费者需求的日益多元化和个性化，农产品仓储将不再仅仅提供简单的储存和配送服务，而是向更多元化、个性化的方向发展。这些多元化与个性化的服务将更好地满足消费者的需求，提升农产品的附加值和市场竞争力。

（四）区域化与网络化布局

农产品仓储的区域化与网络化布局也是未来的重要趋势。通过建立区域性的农产品仓储中心和配送网络，可以实现农产品的集中储存和规模化配送，降低物流成本和提高流通效率。

（五）与供应链金融深度融合

农产品仓储与供应链金融的深度融合也是未来的发展趋势之一。通过将农产品仓储与供应链金融相结合，可以实现农产品的质押融资、仓单融资等金融服务，为农民和农业企业提供更多的融资渠道和资金支持。这将有助于解决农民和农业企业的融资难题，推动农村经济的发展和繁荣。

农产品仓储的未来发展趋势包括智能化与自动化、绿色环保与可持续发展、多元化与个性化服务、区域化与网络化布局以及与供应链金融深度融合等多个方面。这些趋势将共同推动农产品仓储的创新发展，为农村电子商务的繁荣和农民的增收致富提供有力支撑。在未来的发展中，我们应积极把握这些趋势，推动农产品仓储向更高水平、更广领域发展。

案例链接

阿里巴巴集团旗下的农村淘宝项目

该项目通过构建智能仓储系统，成功实现了农产品从田间地头到消费者餐桌的快速流转。例如，在山东寿光，农村淘宝建立了先进的智能仓库，运用大数据分析和云计算技术，对农产品的存储条件进行实时监控和精准调整，确保农产品保持最佳的新鲜度和品质。此外，智能仓库还配备了自动化分拣和包装系统，显著提高了处理效率，有效减少了农产品在仓储过程中的损耗。

这些现代化技术的应用，不仅提升了农产品的流通速度，还保障了农产品的质量和安全，为农民和消费者带来了实实在在的好处。通过智能仓储系统，农产品从采摘到送到消费者手中的时间大幅缩短，减少了中间环节，降低了成本。农民可以通过农村淘宝平台直接将产品销售给消费者，提高了收入。消费者则能够享受到更新鲜、更优质的农产品，提升了生活品质。

农村淘宝的智能仓库不仅是一个现代化的仓储设施，更是一个连接农民和消费者的桥梁。

它通过科技手段，解决了传统农产品流通中存在的诸多问题，如信息不对称、物流成本高、产品品质难以保证等。智能仓库的建立，使得农产品的生产和消费更加高效、透明，推动了农业产业的升级和发展。

此外，智能仓储系统还通过数据分析，为农产品的生产和销售提供了科学依据。通过对市场需求的预测和分析，智能仓库能够指导农民合理安排生产计划，避免盲目种植和过剩供应，从而提高农业生产的整体效益。同时，智能仓库还能够根据消费者的购买习惯和偏好，提供个性化的农产品推荐，进一步提升消费者的购物体验。

总的来说，农村淘宝的智能仓储系统不仅是一个现代化的物流设施，更是一个推动农业现代化、提升农民收入和消费者满意度的重要平台。通过这一系列的创新举措，农产品的仓储管理正在逐步迈向智能化、高效化，为农业产业的可持续发展注入了新的活力。

经验启示：智能仓储系统通过大数据和云计算技术，实时监控农产品存储条件，提高处理效率，减少损耗。技术提升了农产品流通速度和质量，降低了成本，增加了农民收入，提高了消费者生活品质。智能仓库作为连接农民与消费者的桥梁，推动了农业产业升级，通过数据分析指导生产，提升整体效益和消费者满意度，促进农业可持续发展。

知识拓展

《农业农村部关于加快农产品仓储保鲜冷链设施建设的实施意见》（农市发〔2020〕2 号）指出，以贫困地区为重点，坚持“农有、农用、农享”，依托家庭农场、农民合作社，建设农产品仓储保鲜冷链设施，降低损耗和成本，推动农业绿色发展，促进农民增收和乡村振兴，巩固脱贫成果，满足消费需求。其基本原则包括统筹布局，突出重点；市场运作，政府引导；科技支持，融合发展；规范实施，注重效益。

建设目标是到 2020 年底，在重点区域支持新型农业经营主体加强设施建设，提升仓储保鲜冷链能力，降低损失率，提升商品化处理和附加值，提高信息化与品牌化水平，增强服务带动能力，提升“互联网+”农产品出村进城能力。

建设重点如下。

（1）实施区域：16 个省（区、市）的鲜活农产品主产区、特色农产品优势区和贫困地区，特别是深度贫困地区。

（2）实施对象：县级以上示范家庭农场和农民合作社示范社，贫困地区可放宽条件。

（3）建设内容：根据需求选择建设设施类型和规模，包括节能型通风贮藏库、机械冷库和气调贮藏库，可配套专用预冷设施和其他设备。

拓展练习

一、选择题

1．农产品仓储在农村电子商务物流体系中的作用是（　　）。

A．保障农产品品质　　B．调节市场供求

C．促进农产品流通　　D．以上都是

2．农产品仓储技术不包括（　　）。

A．温控技术　　B．湿度调节技术

C．物流运输技术　　D．气调储存技术

3．（　　）不是农产品仓储面临的主要挑战。

A．设施落后　　B．技术不足

C．市场需求低迷　　D．管理粗放

4．农产品仓储出库管理的关键环节是（　　）。

A．质量检验　　B．拣选、打包、配送

C．清洁和消毒　　D．数据分析

5．农产品仓储未来发展的重要趋势不包括（　　）。

A．智能化与自动化　　B．单一化服务

C．绿色环保与可持续发展　　D．区域化与网络化布局

二、填空题

1．农产品仓储是指将农产品在特定的________进行储存和保管，以确保其品质和安全。

2．通过________，可以实现对农产品储存环境的精确控制，确保其处于最佳储存状态。

3．农产品仓储管理方法中，________是农产品仓储的重要保障。

4．农产品仓储面临的挑战之一是________，难以满足农产品储存的环境要求。

5．农产品仓储未来发展的重要趋势之一是________，为农民和农业企业提供更多的融资渠道和资金支持。

三、简答题

1．农产品仓储的重要性体现在哪些方面？

2．农产品仓储技术包括哪些主要内容？

3．农产品仓储管理方法有哪些？

4．农产品仓储面临的挑战有哪些？

5．农产品仓储的未来发展趋势是什么？

学习笔记

一、任务概览

本任务主要介绍了农产品仓储的基本概念与重要性、技术与管理方法、面临的挑战与解决方案等内容。通过本任务的学习，我们可以对农产品仓储有全面而深入的了解。

二、核心知识点

农产品仓储基本概念：农产品仓储是指将农产品在特定的时间、地点进行储存和保管，以确保其品质和安全，同时根据市场需求进行适时配送的活动。

农产品仓储重要性：保障农产品品质与安全、调节市场供求平衡、促进农产品价值实现、推动农村电子商务发展。

农产品仓储技术：温控技术、湿度调节技术、气调储存技术、信息化技术。

农产品仓储管理方法：入库管理、储存管理、出库管理、安全管理。

农产品仓储面临的挑战：设施落后、技术不足、管理粗放、成本控制困难。

农产品仓储解决方案：加强设施建设、引进先进技术、规范管理流程、优化成本控制。

农产品仓储的未来发展趋势：智能化与自动化、绿色环保与可持续发展、多元化与个性化服务、区域化与网络化布局、与供应链金融深度融合。

三、学习感悟

通过本任务，我们可深刻认识到农产品仓储在农村电子商务中的重要地位。它不仅关系到农产品的品质和数量，更直接关系到农产品的市场供应和农民的收入。同时，意识到农产品仓储管理的复杂性和挑战性，需要运用现代科技手段和管理方法来提高仓储效率和质量。

此外，我们要对农产品仓储的未来发展充满期待。随着物联网、大数据等技术的不断发展，农产品仓储将实现更高程度的智能化和自动化，提高仓储效率和安全性。同时，绿色仓储理念的普及也将推动农产品仓储向更加环保、可持续的方向发展。

知识学习

任务三　农产品运输与配送

农产品运输与配送是农村电子商务物流体系中的关键环节，它连接着农产品的生产地与消费地，确保农产品能够安全、快速、经济地送到消费者手中。随着农村电子商务的蓬勃发展，农产品运输与配送也面临着新的要求和挑战。

一、农产品运输与配送的基本概念与重要性

（一）农产品运输与配送的基本概念

农产品运输与配送是现代农业产业链中至关重要的环节，涉及农产品的生产、加工、销售等多个方面。简单来说，农产品运输是指将农产品从生产地运送到销售地或加工地的过程，而农产品配送则是指将农产品按照客户需求进行分拣、组合并送至指定地点的活动。这两个环节紧密相连，共同构成了农产品从田间到餐桌的重要链条。

在农产品运输方面，由于农产品的季节性、易腐性等特点，运输过程中需要特别注意保鲜、防损和及时送达等问题。因此，选择合适的运输方式和科学的运输管理至关重要。目前，常见的农产品运输方式包括公路运输、铁路运输、水路运输和航空运输等，各种方式各有优劣，需要根据农产品的种类、数量、运输距离和时效性要求等因素进行综合考虑。

农产品配送则是连接农产品供应链和消费者的重要环节。在配送过程中，需要根据客户需求对农产品进行分拣、打包和装车，并确保农产品在配送过程中的新鲜度和完整性。为了提高配送效率和服务质量，现代农产品配送通常会采用先进的物流管理系统和技术手段，如物联网技术、大数据分析等，以实现农产品的精准配送和智能化管理。

（二）农产品运输与配送的重要性

农产品运输与配送在农业经济中占据着举足轻重的地位，其重要性主要体现在以下几个方面。

保障农产品供应：农产品是人们日常生活的重要组成部分，而农产品的供应离不开运输与配送环节的支持。只有通过高效的运输与配送系统，才能确保农产品从生产地及时、安全地送到消费者手中，满足市场需求。

促进农业产业发展：农产品运输与配送的顺畅与否直接影响到农业产业的发展。高效的运输与配送系统能够降低农产品的损耗率，提高农产品的附加值和市场竞争力，从而推动农业产业的持续健康发展。

节约资源，降低成本：合理的农产品运输与配送能够减少不必要的中间环节和重复劳动，从而降低物流成本和提高资源利用效率。这不仅有助于降低农产品的销售价格，提高消费者的购买意愿，还有利于节约社会资源，实现可持续发展。

提升农产品质量与安全：农产品在运输与配送过程中容易受到温度、湿度等环境因素的影响而变质。因此，加强农产品运输与配送过程中的保鲜、防腐等措施至关重要。这不仅能够保证农产品的品质和安全性，还能够提高消费者的满意度和忠诚度。

促进农村经济发展：农产品运输与配送的发展有助于推动农村经济的繁荣。通过优化运输与配送网络，可以促进农产品的流通和销售，增加农民收入，提高农村经济的整体水平。同时，农产品运输与配送的发展还能够带动相关产业的发展，如仓储业、冷链物流业等，进

一步推动农村经济的多元化发展。

应对市场变化：农产品市场受到多种因素的影响，如季节、气候、政策等。高效的农产品运输与配送系统能够快速调整市场供应，应对市场变化，保持市场稳定。例如，在某种农产品供应紧张时，通过优化配送路线和提高运输效率，可以迅速将农产品送达市场，缓解供应压力。

总体来说，农产品运输与配送在现代农业产业链中具有举足轻重的地位。为了提高农产品的市场竞争力、促进农业产业的持续健康发展以及推动农村经济的繁荣，我们必须高度重视并不断优化农产品运输与配送系统。通过引入先进的技术手段和管理理念，可以进一步提高农产品运输与配送的效率和质量，为农业产业的可持续发展注入新的活力。

二、农产品运输与配送的现状与问题

（一）农产品运输与配送的现状

随着农村电子商务的蓬勃发展，农产品运输与配送作为连接农产品生产者和消费者的桥梁，其重要性日益凸显。当前，农产品运输与配送体系已初步形成，但仍处于不断完善和发展的阶段。

在基础设施方面，虽然农村地区的交通条件得到了一定程度的改善，但整体而言，农村交通基础设施仍然薄弱，尤其是偏远地区，道路状况差、交通不便的问题依然突出。这在一定程度上制约了农产品运输与配送的效率。

在物流信息化方面，随着信息技术的不断发展，农产品物流信息化水平有了一定提升。一些先进的物流信息平台开始在农产品运输与配送中发挥作用，实现了信息的共享和沟通。

在运输与配送技术方面，虽然一些先进的冷藏、保鲜等技术手段开始得到应用，但普及程度仍然不高。农产品在运输过程中的损耗率依然较高，品质难以得到有效保障。水果损耗如图 7-6 所示。

图 7-6　水果损耗

（二）农产品运输与配送面临的问题

基础设施不完善：如前所述，农村地区的交通基础设施仍然薄弱，这不仅影响了农产品运输与配送的效率，也增加了物流成本。

物流信息化水平低：农产品物流信息化水平低，导致信息不对称、信息孤岛等问题严重。这不仅影响了农产品运输与配送的效率，也增加了市场风险。

运输与配送技术落后：农产品运输与配送技术相对落后，缺乏先进的冷藏、保鲜等技术手段。

成本控制困难：农产品运输与配送涉及多个环节和多种成本，如运输费用、包装费用、保险费用等。

服务质量参差不齐：当前农产品运输与配送服务市场尚未形成统一的标准和规范，服务质量参差不齐。

三、农产品运输与配送的对策与建议

农产品运输与配送作为农村电子商务的关键环节，对于保障农产品流通、提高市场竞争力以及促进农民增收具有重要意义。因此，我们提出如下对策与建议。

（一）加强基础设施建设，提升运输与配送能力

政府应加大对农村交通基础设施的投入力度，重点改善农村道路状况，提高交通便利性。同时，加强农产品仓储、物流园区等基础设施建设，形成完善的农产品运输与配送网络。

（二）推进物流信息化建设，实现信息共享

积极引进先进的物流信息技术，建立农产品物流信息平台，实现信息共享和沟通。通过物联网、大数据等技术手段，对农产品运输与配送过程进行实时监控和管理，提高物流效率。

（三）引进先进运输与配送技术，保障农产品品质

积极引进先进的冷藏、保鲜等技术手段，提高农产品在运输过程中的品质保持能力。探索应用新能源车辆、无人驾驶等先进技术，降低农产品运输过程中的能耗和排放。

（四）优化成本控制与管理，降低物流成本

通过建立合理的成本控制体系和管理方法，降低农产品运输与配送成本。对运输费用、包装费用、保险费用等进行精细化管理和控制，提高资源利用效率。

（五）提高服务质量，满足消费者需求

农产品运输与配送企业应树立服务意识，提高服务质量。建立完善的客户服务体系，及时响应消费者需求，提供个性化、定制化的服务。加强对从业人员的培训和管理，提高服务水平和专业素养。

（六）加强政策扶持和监管，推动行业健康发展

政府应出台相关政策，扶持农产品运输与配送企业的发展。通过财政补贴、税收优惠等措施，降低企业经营成本，提高企业竞争力。

四、农产品运输与配送的未来发展趋势

（一）智能化发展

随着物联网、大数据、人工智能等技术的不断发展，农产品运输与配送将逐渐实现智能化。智能化发展将主要体现在以下几个方面：首先，通过物联网技术实现对农产品运输与配送过程的实时监控和管理，提高物流效率；其次，利用大数据技术对农产品运输与配送过程中的数据进行分析和挖掘，为决策提供支持；最后，应用人工智能技术优化农产品运输与配送路径，降低物流成本。智能化发展将极大地提升农产品运输与配送的效率和质量，为农村电子商务的发展提供有力支撑。

（二）绿色化发展

环保意识的日益增强使得绿色化发展成为农产品运输与配送的重要趋势。绿色化发展将主要体现在以下几个方面：首先，推广使用新能源车辆进行农产品运输，减少碳排放和环境污染；其次，优化农产品包装材料，使用可降解、环保的包装材料，减少包装废弃物对环境的影响；最后，加强农产品运输与配送过程中的废弃物处理和回收利用，实现资源循环利用。绿色化发展将有助于推动农产品运输与配送行业的可持续发展，提升行业形象和社会认可度。

（三）多元化发展

随着消费者需求的多样化和个性化趋势的加剧，农产品运输与配送将逐渐实现多元化发展。多元化发展将主要体现在以下几个方面：首先，拓展农产品运输与配送的服务范围，提供包括仓储、加工、配送等在内的一体化服务；其次，开发多种运输方式，如公路运输、铁路运输、航空运输等，满足不同消费者的需求；最后，提供个性化的农产品运输与配送服务，根据消费者的需求和偏好定制服务方案。多元化发展将有助于满足消费者的多样化需求，提升农产品运输与配送的市场竞争力。

（四）协同化发展

农产品运输与配送涉及多个环节和多个主体，实现协同化发展是提高效率和质量的关键。协同化发展将主要体现在以下几个方面：首先，加强农产品生产、流通、消费等环节的信息共享和沟通，实现信息协同；其次，推动农产品运输与配送企业之间的合作与联盟，实现资源共享和利益共赢；最后，加强与政府部门的沟通与合作，争取政策支持和资金扶持。协同化发展将有助于形成农产品运输与配送的良性生态链，推动行业的健康发展。

农产品运输与配送的未来发展趋势将主要体现在智能化、绿色化、多元化和协同化等方面。这些趋势将共同推动农产品运输与配送行业的持续健康发展，为农村电子商务的繁荣和农村经济的发展提供有力支撑。

案例链接

顺丰优选

顺丰优选是顺丰速运集团旗下的一个专注于高品质农产品直供直销的电商平台。该平台致力于为消费者提供新鲜、优质的农产品，从源头上保证食品的安全和健康。顺丰优选充分利用了顺丰速运集团强大的物流资源，实现了农产品从田间地头到消费者餐桌的快速配送，极大地缩短了农产品的流通时间。

在具体操作过程中，顺丰优选与全国各地的农产品生产基地建立了紧密的合作关系。这种合作关系确保了农产品从源头上保持新鲜度，让消费者能够享受到最新鲜的农产品。通过顺丰优选的冷链物流系统，农产品在采摘后会迅速进入预冷、包装、运输等环节，从而最大限度地减少了在途时间，确保了产品的品质和新鲜度。

此外，顺丰优选还利用大数据技术对消费者的需求进行深入分析，从而优化库存管理和配送路线。通过精确的数据分析，顺丰优选能够更好地预测市场需求，合理安排库存，避免了库存积压和产品浪费。同时，优化的配送路线也大大提高了配送效率，减少了配送成本，使消费者能够更快地收到心仪的商品。

总之，顺丰优选通过整合顺丰速运集团的物流资源和利用大数据技术，为消费者提供了一个高效、便捷的高品质农产品购物平台。

经验启示：利用集团内部的物流优势和大数据技术，可以有效缩短农产品流通时间，保证食品新鲜度和安全。紧密合作的生产基地关系确保了源头新鲜，而冷链物流系统则最大限度地减少了在途时间。通过数据分析优化库存和配送，顺丰优选不仅提高了配送效率，降低了成本，还满足了消费者对高品质农产品的需求。

知识拓展

《关于支持加快农产品供应链体系建设 进一步促进冷链物流发展的通知 财办建〔2022〕36号》文件指出，各地方要加强农产品现代流通体系建设，提高农产品流通效率，更好保障市场供应，财政部、商务部决定以促进农产品冷链物流发展为重点，支持加快农产品供应链体系建设。

建设目标是到2024年3月底，完善农产品冷链流通基础设施，提升集散地、批发市场、加工配送中心及零售终端的冷链流通能力，增强调节农产品季节性供需和跨区域流通的能力与效率，为农产品现代流通体系的建设打下坚实基础。

建设重点包括：

（1）改造升级农产品批发市场冷链设施，建设公共冷库和中央厨房，推广高效低碳冷藏技术，完善物流和质量安全功能。

（2）支持农产品流通和冷链物流企业建设冷链集配中心，提高干线与支线配送效率，推广标准化周转箱。

（3）在城市供应链末端完善零售终端冷链设施，增强冷藏保鲜服务，建设改造末端配送站点，配备移动冷库。

拓展练习

一、选择题

1．农产品（　　）是农村电子商务物流体系中的关键环节，它连接着农产品的生产地与消费地，确保农产品能够安全、快速、经济地送到消费者手中。

A．运输与配送　　B．包装

C．售后服务　　D．电商销售

2．由于农产品的（　　）、易腐性等特点，运输过程中需要特别注意保鲜、防损和及时送达等问题。

A．新鲜程度　　B．运输难

C．季节性　　D．生长周期

3．部分农村地区（　　），在一定程度上制约了农产品运输与配送的效率。

A．通信设施较差　　B．人口较少

C．天气较差　　D．交通基础设施仍然薄弱

4．随着物联网、大数据、人工智能等技术的不断发展，农产品运输与配送将逐渐实现（　　）。

A．人工化　　B．信息化

C．电子化　　D．智能化

5．创业者制定客户服务标准的主要目的是（　　）。

A．提高商品价格　　B．增加商品种类

C．提升客户满意度和忠诚度　　D．优化物流配送体系

二、填空题

1．________是现代农业产业链中至关重要的环节，涉及农产品的生产、加工、销售等多个方面。

2．常见的农产品运输方式包括________、铁路运输、水路运输和航空运输等。

3．通过建立合理的________体系和管理方法，降低农产品运输与配送成本。

4．环保意识的日益增强使得________发展成为农产品运输与配送的重要趋势。

5. ________发展将有助于形成农产品运输与配送的良性生态链，推动行业的健康发展。

三、简答题

1. 简述农产品运输与配送的重要性。
2. 农产品运输与配送存在哪些问题？
3. 针对农产品运输与配送存在的问题，可提出哪些对策与建议？
4. 农产品运输与配送的发展趋势是什么？
5. 简述农产品运输与配送的概念。

学习笔记

一、任务概览

本任务主要介绍了农产品运输与配送在农村电子商务体系中的关键作用及其所面临的挑战，详细阐述了农产品运输与配送的基本概念、重要性、发展现状、存在问题、对策与建议。此外，本任务还对未来农产品运输与配送的发展趋势进行了展望。

二、核心知识点

基本概念：农产品运输是将农产品从生产地转移到消费地的过程，而配送则是将农产品按照消费者的需求进行分拣、配货并送达的过程。

重要性：保障农产品供应、促进农业产业发展、节约资源降低成本、提升农产品质量与安全、促进农村经济发展、应对市场变化。

发展现状：当前，农产品运输方式多样化，配送体系也在不断完善，尤其是冷链物流得到了越来越多的关注和发展，但是也存在一些问题。

存在问题：基础设施不完善、物流信息化水平低、运输与配送技术落后、成本控制困难、服务质量参差不齐。

对策与建议：加强基础设施建设、推进物流信息化建设、引进先进运输与配送技术、优化成本控制与管理、提高服务质量、加强政策扶持和监管。

未来趋势：智能化、绿色化、多元化、协同化是农产品运输与配送未来的主要发展趋势。

三、学习感悟

通过本任务，我们要深刻认识到农产品运输与配送在农村电子商务中的重要地位和作用。它不仅关系到农产品的品质和流通效率，更直接关系到农民的收入和农村经济的发展。智能化、绿色化、多元化、协同化的发展理念不仅符合当前社会的主流价值观，也为农产品运输与配送的未来发展指明了方向。

模块考核评价

一、考核评价目标

本模块考核评价旨在评估学生在以下物流管理方面的能力。

物流基础知识掌握能力：理解农村电子商务物流的基本概念、特点和作用，熟悉物流系统的基本构成和运作流程。

物流规划与优化能力：根据农产品特性和市场需求，合理规划物流路径、选择适当的运输方式，并进行物流成本的优化控制。

物流操作与执行能力：掌握物流操作的基本技能，包括订单处理、包装、装卸、运输、仓储等环节，确保物流过程的顺利进行。

物流问题解决与应对能力：在遇到物流问题时，迅速定位问题原因，采取有效措施进行解决，降低物流风险。

二、考核评价标准

物流基础知识掌握的准确性和全面性：评估学生对物流基础知识的掌握程度，以及是否能够准确解释相关概念、原理和流程。

物流规划与优化的合理性和创新性：评估学生制定的物流规划方案是否科学合理，是否具有创新性，并能够有效降低物流成本。

物流操作与执行的规范性和效率：评估学生在物流操作过程中的规范性和效率，以及是否能够确保物流过程的顺畅和高效。

物流问题解决与应对的及时性和有效性：评估学生在遇到物流问题时，是否能够迅速做出反应，采取有效措施解决问题，降低物流风险。

三、考核评价方法

物流基础知识测试：通过问答、选择题等形式，检验学生对物流基础知识的掌握情况。

物流规划方案设计与评估：要求学生设计一份针对农产品的物流规划方案，包括运输路径、运输方式选择、成本控制等，并对方案进行评估和优化。

物流实操考核：设置模拟物流操作场景，要求学生进行订单处理、包装、装卸等操作，评估其操作规范性和效率。

物流问题解决案例分析：提供实际或模拟的物流问题案例，要求学生进行分析并提出解决方案，评估其问题解决能力。

四、考核评价结果反馈

个人反馈：针对每个学生的知识测试、方案设计、实操表现等，提供具体的反馈意见和改进建议。

整体反馈：对整个班级的考核评价结果进行汇总和分析，总结学生在物流管理方面的普遍问题和优秀经验，为今后的教学提供改进依据。

优秀案例展示：将优秀的学生作品进行展示和分享，包括物流规划方案、物流实操案例及物流问题解决案例等，激励其他学生学习和借鉴优秀经验。

反侵权盗版声明

举报电话：（010）88254396；（010）88258888

传　　真：（010）88254397

E-mail：　dbqq@phei.com.cn

通信地址：北京市海淀区万寿路 173 信箱

电子工业出版社总编办公室

邮　　编：100036